JN085905

ワークシートで学ぶ
問題解決療法

認知行動療法を
実践的に活用したい人へ
実践のコツを教えます

平井 啓・本岡寛子

ちとせプレス

｜ は じ め に ｜

　ストレス社会といわれる現代において，私たちは，ストレスを上手に処理しながら生活できているでしょうか。ストレスを抱えていることは自覚していても，誰かの手を借りたり，相談したりするまでもないと考えている人，今は忙しいので時間ができたらなんとかしようと考えている人，ほうっておけばいつか解消されると思っている人，が多いのではないでしょうか。

　いくつか事例を見てみましょう。

◆Ａさん：50歳代，女性，主婦

　主婦として２人の子どもを育ててきたＡさんは，公務員の夫，長女（会社員）と長男（大学生）の４人家族。長女の結婚が決まり，長男も実家から離れた大学に進学することになり，少し時間的ゆとりができるはずでした。実家の母親（80歳代）から，「お父さんの物忘れがひどくなっている」と毎日，相談の電話がかかってくるようになりました。両親と一緒に通院したり，経済的に工面しなければならないことが多くなり，頭を悩ますことが増えていきました。だんだん部屋の片づけや炊事が面倒になり，ぐったりソファで横になっている時間が長くなってきています。

◆Ｂさん：40歳代，男性，会社員

　Ｂさんは，情報通信会社でシステムエンジニア（SE）として働いています。大きなプロジェクトのリーダーを任され，ぜひこのプロジェクトを成

功させたいと考えていました。取引先からは納期を早めてほしいと依頼があり，会社から許される限り残業と休日出勤で仕事を進めています。しかし，最近，ちょっとしたことでイライラして部下や家族にあたってしまうようになりました。また，予定していた仕事さえも残ることが多くなり，仕事でもミスも増え，そんな自分に対しても情けないと思う気持ちを強めています。

◆Cさん：30歳代，女性，保育士
　Cさんは，左胸に違和感があり，健康診断で初期の乳がんであることが判明し，数カ月休職しました。初期であったことから，手術と再発予防の化学療法を終了後，仕事に復帰しましたが，再発の不安がだんだん膨らんできて，睡眠を十分とることができなくなっています。治療前はオシャレをして買い物に行くことが好きでしたが，現在はまわりの目が気になり，身だしなみに気を遣う気力もなくなり，人に会うのもおっくうになって，1人で家ですごすことが多くなっています。

　上記のような状態を自分では「ささいなこと」と感じていても，放置しておくと徐々に自分では処理しきれないほどの大きさになっていることが多く，最終的に「からだの健康」だけでなく，「こころの健康」を崩すことにもつながります。
　したがって，いち早く生活を見直して，ストレスを減らすことができるような仕組みづくりを始めたほうがいいでしょう。ましてや病気を患っている状態や，病気治療後で心身の機能が低下している状態においては，これまでのやり方が通用しないわけですから，一から現在の体調に合った仕組みづくりをする必要があります。
　本書は，「日々のストレスを自分でどうにか減らしたい」「もう一度，生

活を見直したい」と思われている方，また，医療機関や相談機関，組織の支援者として，また家族として，「ストレスを抱えている人を支援したい」と考えている方にも，今日から活用していただける問題解決療法という方法を紹介します。問題解決療法は，「いつか」ではなく，「今日から」少しずつ取り組めることを見つけて対処し，早く上記のような状態から抜け出せるよう助けてくれるものです。

　本書では，読み物としてだけでなく，実際にワークシート（125 ページ，付録）を用いて，仕組みづくりができるようになっています。また，繰り返し使用していただけるようウェブサイト[1]からワークシートをダウンロードしていただけますので，ご活用ください。

---

[1]　http://pst.grappo.jp/

はじめに

目　次

8章
問題解決療法の応用

イラスト：オカダケイコ

1章

問題解決療法の基礎

私たちの身のまわりにはさまざまな「問題」があります。ある人の体重が重かったり急に増えたりすると「ダイエット問題」ですし，国の税収が下がり，歳出が増えるのは「財政問題」，空気が汚染されるのは「環境問題」といわれます。そして，私たち個人，あるいは国や自治体，そして企業という組織がそれらの問題の「解決」に取り組むことになります。このような一連の過程は「問題解決」（problem-solving）と呼ばれ，じつは私たち個人や社会の活動のほとんどが何らかの「問題解決」を含むものであるといえます。この「問題解決」という言葉ですが，とくにその日本語表記は，なにかややこしいことに取り組まなければいけない印象を与えます。「できればしばらく取り組みたくない」「先送りしたい」と感じてしまいます。しかし，何のために問題解決するのでしょうか，問題解決しなければいけないのでしょうか？　本書での答えは，とてもシンプルです。私たち自身がただ「ストレスを溜め込まずに楽に生きるため」です。「楽に生きるため」に必要な問題を解決していくと考えることがとても重要な態度であり，最終的に楽にならないとその問題解決に取り組む意味はありません。本書では，人が楽に生きるコツを見つけるための1つの方法として，「問題解決療法」（problem-solving therapy）を紹介します。

　この問題解決療法は，時には問題解決技法と呼ばれたり，単に問題解決法と呼ばれたりすることもありますが，問題解決という言葉が示す普遍的な原理を使った心理療法の1つで，個人の問題を解決することを主な目的としています。書店のビジネス書のコーナーに行くと「問題解決」と名のつく書籍が多数出版されているのを見ることができるでしょう。これらの本に書かれている内容は多様ではありますが，根本的な原理として，ほぼ共通の「問題解決」の原理を使っています。この原理を人間関係におけるさまざまな場面に応用するものを，社会的問題解決（social problem-solving）と呼びます。

これが非常に汎用性の高いアプローチであると考えた私たちは，おもに復職支援とがん患者のメンタルヘルスの領域で心理療法としての問題解決療法プログラムを開発，実践し，その実施に関するさまざまなノウハウを蓄積してきました。この問題解決療法とそのノウハウは，前述の2つの領域のみならずあらゆる人間関係の問題解決に応用可能なアプローチであると考え，この方法の実践をサポートするワークショップを2010年から開催してきました（SOLVE プロジェクト：Solution of problems to Organize your Life around Values with Enjoyment[1]）。本書では，このプロジェクトの「問題解決療法ワークショップ」の内容をできるだけわかりやすく伝え，この方法を習得することで充実した楽しい日常生活が送れるようになることを目的としています。

　では，そもそもこの「問題解決」とは何か，「問題」とは何か，「解決」とは何かについて，次の章でくわしく見ていきましょう。

---

[1]　http://pst.grappo.jp/

2章

問題解決療法とは？

2-1　問題解決のメカニズム

　人は人生や日常生活で生じるさまざまな問題を日々解決しながら適応しています。そのほとんどを意識することはないですが，おそらく1日の中でも小さいものから大きいものまで，数十個の問題解決を行いながら，私たちは生きているのではないかと考えられます。たとえば，「昼食をとる」という状況ひとつとっても，コンビニにお弁当を買いに行ったり，同僚を誘ってレストランに行ったりと同じ課題に対して，日々解決策を変えながら課題をこなしています。このような日常的な問題解決はあまり意識されることはありません。しかし，解決できない問題が発生したり，解決までに時間がかかったりすると，「悩み」「心配」が発生することになります。そのようになってはじめて問題解決が意識されるようになり，意識的な思考を伴う過程として経験されるようになります。たとえば，抱えている仕事量が多く，いつまでも片づかない状態が続いたり，家族や職場等での人間関係がうまくいない状態が続くと，それは解決に時間がかかるため，「悩み」「心配」となるでしょう。

　さらに「悩み」「心配」が積み重なると，それらは「不安」や「うつ状態」という感情や症状を伴う状態として経験されます。このような状態が一時的であって仕事や家事などの社会生活・日常生活に影響を与えなければ「適応」の状態ということができます。一方で，これらの感情や症状があることで社会生活や日常生活に支障がある状態を「不適応」と呼ぶことができます。この状態では，解決を目指した行動はその目的を達成することができず，「行動が機能していない」状態と呼ぶことができます（機能分析は56ページを参照）。この「行動が機能する／していない」という言葉ですが，もともと行動療法において主として用いられる言葉で，行動が

適応的な結果を生み出している（不安が緩和された等，得たい結果が得られた）ときに「行動が機能している」，適応的な結果を生み出していない（不安感が解消しない）ときに「行動が機能していない」と表現しています。「行動が機能していない」状態から再び「適応」した状態に戻るためには，「行動を機能している」状態になるよう，いったん行動を保留したり，新たな解決策を見つけたりする必要があります。新たな解決策が見つかり行動が機能し始めると，溜まった仕事を処理し，再び適応的な生活ができるようになります。また，問題解決の効率を上げることで，今まで以上に適応的な環境をつくり出し，余った時間を自分の趣味や自己実現（やりたかったこと）のために使うことができるようになります。あるいは，新たに生み出された時間を思う存分「何もしない」という贅沢な時間とすることも可能です

　このように問題解決とは人生において日々避けることのできない作業であり，さらにその作業の効率を上げることで，私たちは今まで以上に快適な状態，すなわち「良い適応」を導くことが可能になります。

2-2　問題解決療法のエビデンス

　問題解決療法（problem-solving therapy：PST）は，認知行動療法（cognitive behavioral therapy）の 1 つの技法に位置づけられています。認知行動療法は，1980 年代頃から，日本でもうつ病や不安障害の治療法として注目されるようになり，現在では，医療保険制度の対象となっている心理療法です。

　認知行動療法は，心理的問題を「環境・状況」と「人間」の相互作用の中で生じると考えます。人間は，環境や状況からの刺激を受け，さまざま

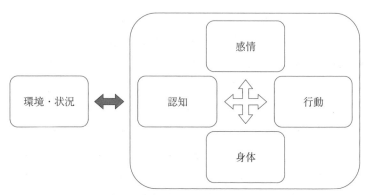

図 2-1　認知行動療法の基本モデル

な反応（認知，感情，身体，行動の変化）を生じさせます（図 2-1）。たとえば，仕事でミスをしたという状況において，自分は仕事のできない人間だと考え（認知），落ち込み（感情），眠れなくなり（身体），お酒をたくさん飲む（行動）など，問題がより深刻になってしまうことがあります（図2-2）。認知行動療法では，個々人がどのような状況に対して，どのような反応が生じやすいのかを整理することによって，自分自身の反応パターンの理解を促し，問題の悪循環を断ち切るような新たな考え方（認知）と対処方法（行動）を考えて，実行できるよう手助けをしてくれます。

　たとえば，問題に直面し，極端な考え方や行動から生じる悪循環に気づいた場合，図 2-3 のように，ミスの原因を探してみようと考え（認知），ミスに関連する情報収集をする（行動）と，冷静になり（感情），体の状態の安定（身体）につながっていくということがあるでしょう。認知行動療法は，現在の環境・状況に適した認知・行動を導いてくれる技法の総称です。

　問題解決療法は，1980 年代にディズリラとネズによってうつ病の治療法として構築されました（D'Zurilla & Nezu, 1980）。うつ病患者は，社会的

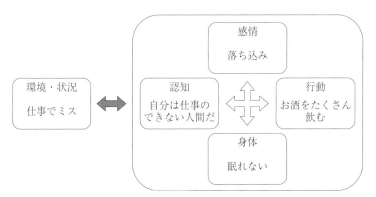

図 2-2　問題解決が悪循環に陥っている状態

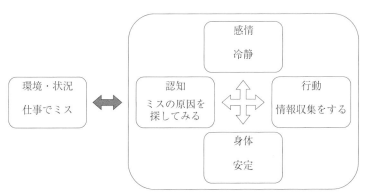

図 2-3　認知行動療法を用いて悪循環を断ち切った状態

問題解決の力が低下した状態，つまり，問題が悪循環に陥っている状態に
あるとされ，その力を回復させたり，形成したりするための体系化された
プログラムとして誕生しました。社会的問題解決は，「毎日の生活の中で
直面する問題場面を処理するための効果的手段を識別し，発見する認知行
動的（メタ認知）プロセス」（D'Zurilla & Goldfried, 1971）と定義されていま
す。つまり，日常生活で問題に直面した際に，どのように考え行動すれば

いいか，その問題解決のプロセスが頭の中に入っている状態，と言い換えることができます。

　問題解決療法の治療効果について，下記のようなエビデンスが得られています。

　カイパーら（Cuijpers et al., 2008）は，問題解決療法の効果を検討するために，成人のうつ病患者を対象に心理療法の効果検証を行った53の独立した無作為化比較試験研究のデータを用いたメタ分析を行いました。その結果，問題解決療法は，非指示的心理療法（傾聴を基本としたカウンセリング）よりも効果が高く，認知療法，行動活性化療法，対人関係療法，ソーシャルスキル・トレーニング，精神力動的心理療法といったさまざまな心理療法と同等の効果があることが示されています。また，ドロップアウト（治療中断）率は，問題解決療法が最も低くなっています。

　問題解決療法は，うつ病をはじめ（D'Zurilla & Nezu, 1999; D'Zurilla, 1986），社交不安，統合失調症，知的障害者，薬物依存等の心理的問題を抱えた人や，肥満，がん，冠動脈疾患等の身体疾患に伴う苦痛の緩和，ストレス・マネジメント，人間関係等に有効であることが示されています。

　日本においても，1990年代から，問題解決療法に関する翻訳書（D'Zurilla, 1986の翻訳）が出版され始め，個別面接や集団認知行動療法の中で活用されてきました。2000年以降，うつ病やがん患者等を対象とした効果検証研究の成果が発表され（Akechi et al., 2008; Hirai et al., 2012; 平井，2014; 本岡，2012; 塩﨑ら，2015），その後，治療法としてだけなく，心の健康維持・促進のためのストレス・マネジメント教育やキャリア教育（本岡，2010; 本岡ら，2017），組織マネジメント・コンサルテーション（平井，2016, 2017），復職支援プログラム（猪澤ら，2013; 伊藤ら，2018; 本岡ら，2010, 2011）にも活用されています。

2-3　問題解決療法のフレームワーク

　「問題解決」のプロセスは，一般的に5つのステップで表現されます。みずからが取り扱う問題を明確にし，何が問題かを明らかにする「ステップ1：問題の定義」（Problem formulation），問題解決によりどんな状態にたどり着きたいかのゴール（目標）を定める「ステップ2：目標設定」（Goal setting），効果的な解決策のレパートリーを考える「ステップ3：解決策創出」（Creating solutions），ゴールに近づくために最も効率的な解決策を選択する「ステップ4：意思決定」（Decision-making），解決策の実行と結果のフィードバック，反省を行う「ステップ5：実行・評価」（Execution & review）の5つのステップにより構成されています（図2-4）。

　このような問題解決の5つのステップを用いて自分自身を中心とした問

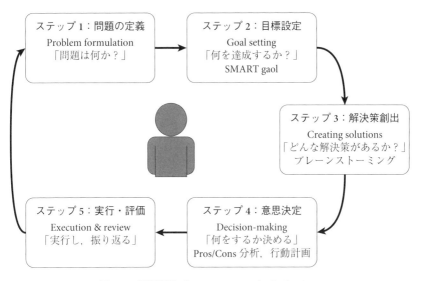

図2-4　問題解決（problem-solving）のプロセス

〈SOLVE〉問題解決キャンバス Ver 2.0

最初に感じた問題：Problems	SMART プラン：SP（Risk assessment: Base? Upside? Backup?）＜SMART ゴール	Specific, Mesaurable, Achievable, Relevant, Timed
	状態目標：Strategic goal＜smARt	行動目標：Behavior goals＜Brain storming
どうしたいか？：What I want		
どうあるべきか？：What should be		
	リスクと条件：Risk	行動計画：Behavior plan＜SMarT
現在の状態：What is		
アウトカム（When, Where, What, with Whom, and How?）：Outcomes		
良い影響：Positive consequences		悪い影響：Negative consequences

図 2-5　問題解決キャンバス

題解決に応用にしていく方法が問題解決療法です。この療法は，私たちに問題解決のための一連の「枠（フレームワーク）」を提供してくれます。それによって私たちが，①「行動すること」と「行動しないこと」を決めること（計画）と，②その計画の実行をアシストしてくれます。

　私たちの問題解決療法のプロジェクトでは，図 2-5 のような，「問題解決キャンバス」と呼ばれるフレームワークを使って問題解決療法を進めていきます。このキャンバスの使い方は，5 章でくわしく紹介します。

3章

「問題」とは？

問題の定義

「問題」（problem）という言葉は，日常的に使われている言葉であるために，あらためてその定義を考えてみるというのは少し新鮮な作業となります。私たちのワークショップでは必ず，「問題」（problem）の定義を考えるワークを行います。「問題の定義とは何でしょうか？」という問いに対して，ほとんどの参加者は戸惑います。この問いが重要なのは，この「問題」の定義を理解できるかが，問題解決療法を理解するうえで最も重要な部分になるからです。この問いに対する答えはこうなります。「問題（problem）とは，What I want「～したい」／What should be「～すべき」と What is「現実」の差（ギャップ）であり，有効な解決策をとることのできない状態」（D'Zullira & Goldfried, 1971）となります。

　次に，私たちは，目の前の What is「現実」に圧倒されてしまったときに，それを「大きな問題」と感じます。このときの体験をイメージとして表現したものが図 3-1 です。

　この図では，自分の身長よりもはるかに大きな石が目の前に立ちふさがっています。この大きな石は，実際には，大きな失敗や喪失体験，病気や

図 3-1　「問題＝目の前の大きな石」のイメージ

問題：problem

● 何らかの障害により，そうありたいと思う状態（What I want）やそうすべきと思う状態（What should be）と現在の状態（What is）の間に大きなギャップ（差）が生じ，有効な解決策（コーピング）がとれない状態（D'Zurilla & Goldfried, 1971）

図 3-2　問題（problem）の定義

けがのような出来事に遭遇したときのことを表しています。このとき，私たちは「大変なことになってしまった。自分の力ではどうすることもできない」と，大きな石の前で茫然と立ち尽くし，心理的苦痛，すなわちストレスを感じます。

　なぜ，そのような苦痛を感じるのでしょうか？　この状況になるまでは自分の中にある What I want「〜したい」／ What should be「〜すべき」と What is「現実」との間にズレがない状態で生活できていたのに，困難な出来事が生じたことで，What I want「〜したい」／ What should be「〜すべき」と What is「現実」の間に大きなギャップが生じることになるからです（図 3-2）。

　この問題の定義の中の，What I want「〜したい」と What should be「〜すべき」は，問題状況における要求のことで，本人内部から生じる個人目標，ニードなどが What I want「〜したい」であるのに対して，その個人の環境側から生じるものが What should be「〜すべき」である（D'Zurilla & Goldfried, 1971）と考えることができます。

15

一般的に，世の中で「問題」と呼ばれているものも，この定義にあてはめてみると，とてもすっきりと定義することができます。たとえばダイエット問題は，理想の体重と現在の体重のギャップであり，たとえば，自分の体重が65 kgでありたいと思っている人が，実際の体重が68 kgであれば，その差の3 kgがその人にとっての問題であると定義することができます。

　しかし，このように「問題」をすぐに適切な言語で定義することはなかなか難しい作業です。認知科学者の安西（1985）は，問題解決には「直面している状況がどんなものかを理解していなければ問題を適切に表現できないのに，問題を表現することによってはじめて状況が理解できる，表と裏の一見パラドックスな関係」があると述べています。このように，まずは自分が問題であると感じる状況を言葉に表し，それを眺めながら，自分の体験している状況を適切に説明できる言葉を探しながら，最終的にしっくりする表現で「問題」を表現していけばいいと思います。先ほどのダイエット問題の例でも，最初から自分の理想の体重が65kgと思っているわけではなく，最初は，なんとなく自分の体重が気になり，実際にいくつかのダイエットになる行動を試してみて体重の増減を経験したり，生活習慣病に関する知識を新たに得たりするなかで，理想の体重が65 kgであることが明確になっていったと考えたほうが適切であるということです。

　次に，もう少し具体的な「問題」の定義の例を見ていきます。

◆ 社会問題

　たとえば，貧困問題を取り上げてみます。世界から貧困問題がなくなることはほとんどの人にとって「そうあってほしい世界」であるし，「そうあるべき世界」だと思います。この問題の場合，What I want は，「私は貧困をなくしたい」，What should be は，「世界中の貧困はなくなるべき」となるでしょう。これに対して What is は，「ある地域で貧困がある」ある

いは「世界には貧困で困っている人がいる」ことだといえます。しかし，この貧困問題も，それぞれの組み合わせによって定義される問題の性質が異なってきます。「私は貧困をなくしたい」に対して「世界には貧困で困っている人がいる」で定義される問題は，世界の貧困問題であるのに対して，「世界中の貧困はなくなるべき」に対して，「ある地域で貧困がある」を組み合わせた定義では，ある地域，たとえば，それがアフリカだとするとアフリカという地域の問題を主として扱うことになるかもしれません。このように，「誰にとって」と「どこまでの範囲で」という2つの視点のそれぞれを明らかにすることで，問題をより明確に定義することができます。

◆ がん患者の問題

　私たちの人生にはさまざまなストレスとなる出来事が起こります。その中でもとくに大きなストレスをもたらすものが，大きな病気に罹患することです。大きな病気の中でも「がん」は生死に関わる病気として知られ，がんへの罹患が心理的にも大きな負担を生じさせたり，家族の人間関係や仕事を続けていくことについて大きな影響を与えたりします。筆者の平井は，これまでがんに罹患した人たちの心理的問題，ストレスとそれをできるだけ少なくする方法の開発について「サイコオンコロジー」(psycho-oncology：精神腫瘍学と訳します) という研究分野において研究してきました。本書で紹介する問題解決療法も，がん患者に対する心理的な援助の方法を開発するプロジェクトの中で，問題解決療法ががん患者への有効な方法になるのではないかと考えました。

　がん患者の「問題」を単純に考えると，What is「現実」は「生死に関

---

[1]　日本サイコオンコロジー学会 http://www.jpos-society.org

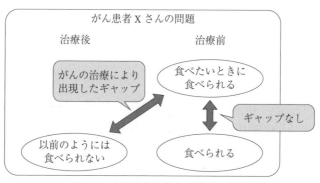

図 3-3　がん患者 X さんの問題の定義

わる病気に罹患したこと」であるのに対して，What I want「〜したい」／
What should be「〜すべき」は「健康でありたい」あるいは「生死に関わ
る病気には罹患すべきでない」となります。実際には，病気の診断後，手
術療法や抗がん剤治療による影響・副作用によって，「生じるべきでない
苦痛を抱えた」状態になることも「問題」となります。

　ある 60 歳代男性の消化器がん患者の X さんは，私たちのグループで行
っている問題解決療法に参加されました。X さんは，手術によって胃を切
除したことによって「食べられなくなったこと」を問題と感じておられ，
それを解決する方法を探すためにいろいろな人の意見を聞きたいと言われ
て，この問題解決療法のグループに参加されました。X さんにとって，手
術前の健康なときは，「食べたいときに食べられる」自分であったものが，
手術によって胃がなくなってしまったことで，「食べたい」のに「以前の
ようには食べることができない」状態となり，それがこの患者さんにとっ
ての「問題」となってしまったのでした（図 3-3）。X さんは，「食べられ
ない」問題を題材として問題解決療法に取り組むことになりました。

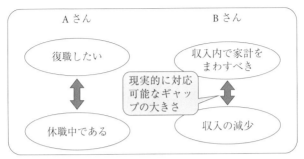

図 3-4　復職支援の問題の定義におけるギャップの大きさの違い

◆ 復職支援の問題

　次に，ストレスなどの心理的要因で休職し，復職を目指している人の「問題」について考えてみます。単純に考えると，休職している人にとって，What is「現実」は「仕事をしていないこと（休職）」であり，What I want「〜したい」／ What should be「〜すべき」は「仕事をしていること（復職）」となります。

　しかし，同じように復職を目指しているにもかかわらず，気持ちが安定している人もいれば，不安定な人もいます。その違いは何なのでしょうか？

　A さんは，先述したように，What is「現実」は「仕事をしていないこと（休職）」であり，What I want「〜したい」／ What Should be「〜すべき」は「仕事をしていること（復職）」と考え，復職に向けて調べ物をしたり，散歩をしたりしてすごしているのですが，なかなか復職の目途が立たず，気持ちが安定しません。これは，「現実」と「〜したい」のギャップが大きい状態が続いているためです（図 3-4）。

　一方，B さんは，What is「現実」にある困難として，「休職」を一塊の大きな問題であると捉えるのではなく，休職している日常において具体

19

的に困っていること（「規則正しい食事・睡眠がとれない」「パソコン作業に集中できない」「体力が落ちている」「収入の減少」「会社の情報が入らないこと」「外出しにくい」「漠然とした将来への不安」など）を複数挙げることができました。

　また，What I want「〜したい」／ What should be「〜すべき」として，「平日は6時起床・23時就寝，三食とる」「パソコン作業に集中すること」「体力をつける」「収入内で家計をまわす」「会社の情報を得ること」「外出すること」「リラックスすること」を挙げ，その中から，現在の自分ができそうなもの（例：「収入内で家計をまわす」）に絞って取り組むことで気持ちを安定させています。

　そうすることで，たとえば What is「現実」の「収入の減少」と，What I want「〜したい」／ What should be「〜すべき」との間のギャップの大きさが，対応可能なものとなります（図3-4）。

　このように，復職を目指しているすべての人の What I want「〜したい」／ What should be「〜すべき」は「復職」ですが，「復職」という大きな課題だけにとらわれず，個々人が抱える「休職している日常における具体的な問題」を整理し，取り組むこと・取り組まないことを見極め，「現実」と「〜したい」「〜すべき」のギャップを小さくすることが情緒の安定につながる鍵となります。

4章

解決策とは？

3章で，「問題（problem）とは，What I want「～したい」／What should be「～すべき」と What is「現実」の差（ギャップ）であり，有効な解決策をとることのできない状態」と定義しました。この中の差（ギャップ）を埋めるための具体的で効果的な行動（コーピング：coping）を伴い問題に対する目標を達成するものが解決策（solution）です（D'Zurilla & Goldfried, 1971；図4-1）。解決策は，それを行うことで，問題に対して，ポジティブな結果（利益，ベネフィット）をもたらすものでなければいけません。一方で，解決策にはコストや望まれない結果（リスク）のようなネガティブな結果が生じることが避けられません。そこで，解決策を実行することであらかじめ予想されるポジティブな結果とネガティブな結果を天秤にかけ，ポジティブな結果を最大にし，ネガティブな結果を最小とするような解決策を複数の解決策の選択肢から選んでいく必要があります。そのため，問題解決療法では，後述のように「ブレーンストーミング」を行うことで，できる限りたくさんの解決策を考えておき，そこから前述のような方針で，自分の問題解決に最適な解決策を選べるようにしていきます。

◆ がん患者の解決策

　60歳代男性の消化器がん患者のXさんの問題は「食べたいときに食べたい」のに「以前のようには食べられない」という問題でした。この問題に対する目標は，「食べられそうなもの（方法）を探す」となり，解決策をブレーンストーミングしました。出てきた解決策は，「料理の写真を見る」「ジュースを飲む」「頭に浮かんだものをとりあえず食べてみる」「自分のペースで好きなように食べてみる」「食べたいときに食べる」「食べたことのないものを食べてみる」「デパートの地下の試食コーナーに行ってつまんでみる」でした。それぞれの解決策について，どのようなポジティブな結果やネガティブな結果が生じうるか，また，その大きさはどのくら

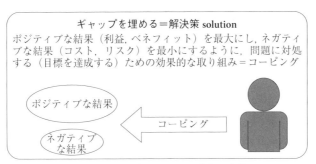

ギャップを埋める＝解決策 solution
ポジティブな結果（利益, ベネフィット）を最大にし, ネガティ
ブな結果（コスト, リスク）を最小にするように, 問題に対処
する（目標を達成する）ための効果的な取り組み＝コーピング

ポジティブな結果

コーピング

ネガティブ
な結果

図 4-1 問題解決における解決策の定義

いかを検討しました。最終的には,「料理の写真を見る」「頭に浮かんだも
のをとりあえず食べてみる」「自分のペースで好きなように食べてみる」
の 3 つの解決策を実行してみることになりました。

◆ 復職支援の解決策

　復職支援において, 問題が解決された状態とは, 最終的には「復職」
ですが, A さんのように, 最初から「復職」という目標に絞ってしまうと,
解決策の幅を狭めてしまうことになりかねません。B さんのように, 日常
生活における具体的な問題を書き出し, それに対する目標と解決策を考え
ると, おのずから, 解決策のレパートリーを広げることができます。解決
策のレパートリーを広げることで, 今日から取り組める解決策を見つける
ことができるのです（図 4-2）。

	目標	解決策
Aさん	復職する	復職に向けて調べ物をする，散歩
Bさん	平日は6時に起床する	朝，妻に起こしてもらう，ラジオ体操の時間に時計をセットする
	23時に就寝する	寝る1時間前にホットミルクを飲む，半身浴
	朝昼晩の三食をとる	家族に声をかけてもらう，一口だけでも口に入れる
	収入内で家計をまわす	自炊をする，見切り品を買う
	会社の情報を得る	月1回，同僚に電話・メールする
	リラックスする	音楽を聴く，マッサージに行く

図4-2　復職支援における解決策のレパートリー

5章

問題解決療法の5つのステップ

これまで見てきたように，問題解決とは，What I want「～したい」／ What should be「～すべき」と What is「現実」の差（ギャップ）であると定義される問題（problem）に対して，その差（ギャップ）を埋めるのに有効な解決策を考え出し，それを実行するプロセスです。私たちは日常的にこのような問題解決を行いながら生活していますが，この問題解決のプロセスは無意識的に行われています。そのため，問題の定義がうまくできておらず，埋めるべきギャップが曖昧であったり，選択した解決策が不適切になったりしている場合があります。そこで，この問題解決のプロセスを構造化し，意識的に，あるいは第三者の視点から問題解決をコントロールしようとする試みが，問題解決療法（problem-solving therapy）であるといえます。問題解決療法は，さまざまなバリエーションがありますが，筆者らが進めてきた SOLVE プロジェクトの問題解決療法では，一般的な，①問題の定義，②目標設定，③解決策の創出，④意思決定，⑤実行・評価の5つのステップ（段階）を採用しています（前掲図 2-4）。

　この問題解決療法の5つのステップは，経営コンサルティングの分野でも一般的に用いられているもので，普遍的なフレームワークです。たとえば，企業経営の問題解決では，「期待する売上」と「現状の売上」のギャップをその企業の問題として定義し，そのギャップを埋めるために具体的な売上向上を目標として設定し，それを達成する新しい事業案を複数創出し，その中から実際に投資をして実施する事業案を選択（意思決定）し，事業計画を立て，実施し，ある一定期間が経過した後に目標とする売上を達成しているかを評価します。経営コンサルタントは，企業経営者をクライアントとして，このような問題解決のプロセスをさまざまな技術を用いて支援していきます。これは問題解決療法におけるセラピストとクライアントの関係とまったく同じもので，問題解決療法のセラピストも，クライアントの問題解決のプロセスを支援していく存在です。

この問題解決の5つのステップを1つのサイクルとすると，問題の大きさによってそれにかかる時間が変わっていきます。先ほどの企業の問題解決の場合は，問題の規模が大きいため，1サイクルをまわすのに1年からそれ以上の時間が必要になる場合が多いでしょう。心理療法としての問題解決療法の場合は，個人の問題を扱うことが多いため，この問題解決のサイクルを2回のカウンセリングから長くて5回のカウンセリングでまわしていくことになります。クライアントの健康度や問題解決能力が高い場合は，最初のカウンセリングで，①問題の定義，②目標設定，③解決策創出，④意思決定まで行い，解決策の実施をホームワーク（宿題）として行ってもらい，次のセッションで⑤実行・評価を行うことができます。一方で，重度のうつ病の患者のように思考や意思決定に時間が必要なクライアントの場合，問題の定義だけで2～3回のカウンセリングが必要となる場合もあります。どのくらいの期間・回数で実施するかは，クライアントの病理性や症状・障害の精神医学・心理学的アセスメントに基づいた心理療法全体の治療目標と計画によって柔軟に変えていく必要があります。

　以下では，私たちの多くが経験する「仕事が多く，睡眠不足になっている」というストレス状況の問題解決を例として，問題解決キャンバス（前掲図2-5）に従って，どのように問題解決療法を行っていくか見ていきます。

5-1　ステップ1：問題の定義
●取り扱う問題を見極める

　ステップ1の「問題の定義」では，3章で示したようにクライアントの問題を What I want「～したい」／ What should be「～すべき」と What is「現実」に分解し，そのギャップとして明確化していきます（図5-1）。ま

27

5章　問題解決療法の5つのステップ

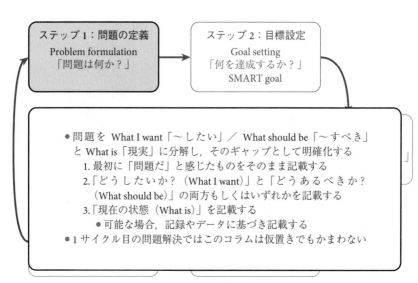

ステップ1：問題の定義
Problem formulation
「問題は何か？」

ステップ2：目標設定
Goal setting
「何を達成するか？」
SMART goal

- 問題を What I want「〜したい」／ What should be「〜すべき」
  と What is「現実」に分解し，そのギャップとして明確化する
  1. 最初に「問題だ」と感じたものをそのまま記載する
  2.「どうしたいか？（What I want）」と「どうあるべきか？
    （What should be）」の両方もしくはいずれかを記載する
  3.「現在の状態（What is）」を記載する
    - 可能な場合，記録やデータに基づき記載する
- 1サイクル目の問題解決ではこのコラムは仮置きでもかまわない

図 5-1　問題の定義の進め方

ずは，最初に「問題は何ですか？」という問いに対する答えをそのまま
ワークシートに記載します。それがそのまま，What I want「〜したい」／
What should be「〜すべき」と What is「現実」に分解して定義することが
できる場合もありますが，書き出したものを眺めながら，少し時間をかけ
て考えて出てきたものを記載していきます。問題によっては，What I want
「〜したい」と What should be「〜すべき」が両方とも存在する場合もあ
れば片方だけの場合もあります。いずれかあてはまるものだけを書き出す
ことでかまいません。What is すなわち「現在の状態」の記載をできるだ
け客観的にできるかどうかが，問題の定義の大きなポイントになります。
できれば記録やデータに基づき記載したほうが良いですが，それが利用で
きない場合は，セラピストはクライアントに過去のエピソードについて具
体化する質問を行うことで，できるだけ客観的な情報を引き出して，それ

をまとめていきます。場合によっては，次回までに活動記録表をつけてくることをホームワーク（宿題）とします。これができれば，具体的に現在の状況を把握し，より適切な問題の定義が可能となります。

　問題解決の5つのステップを複数のサイクル行うことで，徐々に真の問題が明確になり，問題の解決につながっていきます。したがって，1サイクル目の場合は，この「問題の定義」のステップの記述がうまくいかなくてもかまいません。明確に問題の定義ができない場合は，仮置きでぞれぞれのコラムを埋めた状態にし，次の「目標設定」に進み，2サイクル目で修正してもかまいません。

◆問題解決キャンバスでの問題の定義

　「問題の定義」のステップについて，実際に問題解決キャンバスに記述してみましょう（図5-2）。事例の最初の問題は，「最近生活が乱れていて，仕事のパフォーマンスにも影響が出ている」という私たちが仕事で経験する，比較的身近な問題としています。この問題は，「食生活の乱れ」と「睡眠不足」という現在の状態に対して，「健康的で生産的な仕事をしたい」という What I want と「（給料をもらうためには）仕事ができなければいけない」という What should be とのギャップとして問題を定義しています。

◆問題の定義のポイント ── 「大きな石を小さな石に砕く」イメージ

　問題解決療法において最も難しいステップは，この「問題の定義」のステップです。前述のように仮置きの定義を記述し，次のステップに進んだほうがいい場合が多いですが，「大きな石を小さな石に砕く」と教示することで，問題の定義を具体化できる場合があります。私たちは，今一番気になっている大きな問題に注意が向いてしまい，その問題によって引き起

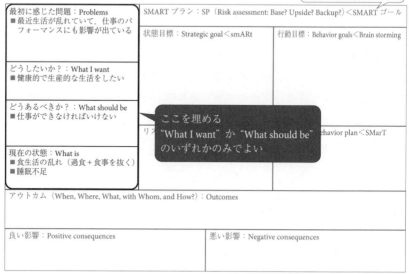

〈SOLVE〉問題解決キャンバス Ver 2.0 | Specific, Measurable, Achievable, Relevant, Timed

最初に感じた問題：Problems
■ 最近生活が乱れていて，仕事のパフォーマンスにも影響が出ている

SMART プラン：SP（Risk assessment: Base? Upside? Backup?）＜SMART ゴール

状態目標：Strategic goal＜smARt　　　行動目標：Behavior goals＜Brain storming

どうしたいか？：What I want
■ 健康的で生産的な生活をしたい

どうあるべきか？：What should be
■ 仕事ができなければいけない

ここを埋める
"What I want" か "What should be"
のいずれかのみでよい

...havior plan＜SMarT

現在の状態：What is
■ 食生活の乱れ（過食＋食事を抜く）
■ 睡眠不足

アウトカム（When, Where, What, with Whom, and How?）：Outcomes

良い影響：Positive consequences　　　　　　悪い影響：Negative consequences

図 5-2　問題解決キャンバスでの問題の定義の記述の仕方

こされている日常の具体的で小さい問題に気づかないことがよくあります。たとえば，大きな病気になったとき，病気そのものに注意が向き，病気によって引き起こされた経済的な問題（「仕事が続けられるかどうか？」），人間関係の問題（「夫が病気のことをわかってくれない」），情緒的問題（「気分が沈みがち」）などを見過ごしてしまうのです。したがって，現在の日常生活で困っていることを，どんどん書き出してみることが大切です。これが，「大きな石を小さな石に砕く」イメージをもつということです（図5-3）。

　しかし，すべての問題を意識化し，言語化できませんので，今のところ，思いつく問題でかまいません。意識化できていない問題を明らかにすることに時間を費やしすぎると，袋小路にはまってしまいますので，一通り書

図 5-3　問題解決プロセスのイメージ — 大きな石を小さな石に砕く

き出せたと思ったら，次に進むように心がけたほうがいいでしょう。そして，他の問題を書き出しているときに，別の問題の存在に気づくこともあります。

◆問題の明確化 — 小さな石（問題）から今，取り扱う問題を区別する

　次に，書き出した1つひとつの小さな石（問題）が，今の自分にとって取り扱うべき問題か取り扱わなくてもいい問題かを区別していきます。先述のように，ストレス状態を引き起こす問題は，What is「現実」が，What I want「〜したい」／ What should be「〜すべき」とギャップがある状態です。

　たとえば，What is「現実」として「職場の同僚とうまが合わない」という状態を例に挙げて考えてみましょう。Cさんは「同僚と協力して仕事を進めたい／進めるべき」という What I want「〜したい」／ What should

31

be「〜すべき」があることが心理的苦痛を引き起こしていることに気づきました。一方，Dさんは，「自分のやり方でマイペースに仕事を進めたい」と思っているので，同僚とうまが合わないことは，それほど大きな問題ではないことに気づきました。つまり，What is「現実」として「仕事の同僚とうまが合わない」という状況は，「同僚と協力して仕事を進めたい／進めるべき」と思っているCさんにとっては大きなギャップを生み，ストレス状態を引き起こす問題となりうるのです。しかし，Dさんのように，「自分のやり方でマイペースに仕事を進めたい」と考えている場合，すぐに取り扱う必要はなく，今は少し横に置いておいてもいい問題かもしれません。

　このように，What is「現実」とWhat I want「〜したい」／What should be「〜すべき」のギャップを明らかにしていく作業を通して，徐々に今，自分が大切にしているものや価値観が明確になり，今，取り扱うべき問題が見えてくるのです。また，取り扱わなくてもいい問題も明らかになっていくのです。

　「なぜ，私はこの問題で苦しんでいるのだろう？　自分はどうしたいと思っているのだろう？　どうすべきだと思っているのだろう？」と自問自答してみることで，問題の背後にある自分のWhat I want「〜したい」／What should be「〜すべき」の存在に気づいていくでしょう。この一連の過程を私たちは「問題の明確化」の段階と呼んでいます。

5-2　ステップ2：目標設定
●ビジョンに基づく SMART ゴールを設定する

「目標設定」のステップでは，「問題の定義」で明らかにしたギャップを

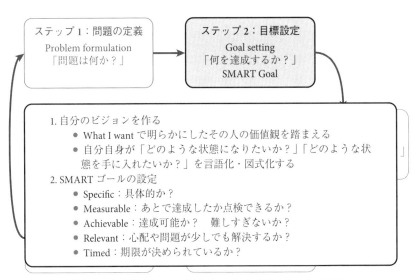

図 5-4 **目標設定におけるビジョンと SMART ゴールの設定**

埋めるという方向に向けて，どこまで何を行うか範囲や期限を明確にした目標，すなわち SMART ゴールを設定します（図 5-4）。

◆ **自分のビジョンを作る**

　まずは，「問題の定義」の What I want に基づき，クライアントは「どのような状態になりたいか？」「どのような状態を手に入れたいか？」を言語化し，図式化していくプロセスです。これは，自分自身のちょっと身近な将来を明確にする，すなわち自分自身に関する「ビジョン」を作り出すことであるといえます（図 5-4）。

　ここで大切なのは，「問題の定義」のステップで明らかになった自分の大切にしているものや価値観を考慮しながら，自分の気持ちが楽な状態をイメージしたビジョンを作ることです。目標という言葉は「一生懸命，努

力して達成するもの」というイメージが強いですが，ここでは，What I want「〜したい」という気持ちを重視して考えてみるといいでしょう。考えただけでも，少し気持ちが楽になるビジョンを設定することで，問題解決へのモティベーションを高めることにも役立ちます。

　ビジョンを設定するときに，「なぜ，そうしたいのか？」と自問自答してみることも役に立ちます。たとえば，復職支援において，「復職したい」というビジョンに対して，もう一度「なぜ仕事をするのか？」を考えてみるのです。よくある答えとしては「お金を稼ぐため」です。ですが，お金もそれだけだとただの紙切れです。お金を「何かをするための」手段と捉え，「なぜ，お金が必要なのか？」を再度考えてみると，「趣味をもうちょっと楽しみたい」とか，「好きなものを買いたい」「生活するために必要なものを買いたい」「健康を維持するため」「家族や大切な人とすごすため」「やりがいや達成感を得たい」「人から認められたい」など自分の価値観の反映された目標が見えてくるのです。「目標としているものが，何か他のものの手段にすぎないのではないか？」と考えることは重要です。

　「ビジョン」という限りは，ここで設定する目標がどのような状態なのかをイメージできるように具体化する必要があります。つまり，自分自身に関するビジョンを作るとは，最終的に自分自身がどうなっているのがよいか？　すなわち状態目標（戦略目標：strategic goal）を明確にする作業です。目標のイメージが十分にもてない場合は，ステップ1の「問題の定義」に戻り，もう一度，そこをやり直したほうがいいかもしれません。

◆SMART ゴールの設定
　目標設定のもう1つの重要な要素は，SMART ゴールの設定です。マイナーズ－ウォリス（Mynors-Wallis, 2005）は，問題解決療法における目標設定を行う際に，設定した目標が，

Specific：具体的か？

Measurable：あとで達成したか点検できるか？

Achievable：達成可能か？　難しすぎないか？

Relevant：心配や問題が少しでも解決するか？

Timed：期限が決められているか？

の5つの観点（それぞれの頭文字をとってSMART）を満たしているかを点検することが必要であるとしています（図5-4）。

① **Specific：具体的か？**

「Specific：具体的か？」は文字通り，目標が具体的であるかどうかについてです。しばしば挙げられがちな曖昧な目標とは，「仕事の大変さを感じないようにする」のようなものです。この目標においては，「大変さ」というのがきわめて曖昧です。具体的にどんなときに，何に対して大変さを感じているのかをより具体化していく必要があります。その行動を実行している自分の姿がイメージできるぐらい具体的になっていることが大切です。たとえば「運動する」というのは，まだ具体的になっていません。運動している自分の姿が思い浮かべられる程度に具体化しておきます。たとえば，散歩，ランニング，ヨガ，ストレッチ，階段の昇り降りなどです。

② **Measurable：あとで達成したか点検できるか？**

「Measurable：あとで達成したか点検できるか？」は，目標が数値化されている方が望ましいという観点です。ダイエットに関する目標設定の場合は，「3 kg減量する」というように数字を挙げて目標設定を行い，実際に体重計で測定することで目標達成しているかどうかを評価することが可

能です。

　たとえば，「仲良くする」「仕事を進める」「ちゃんとする」「だらだらしない」「頑張る」「気持ちを落ち着かせる」という行動が目標としてよく挙げられますが，この状態では測定できません。したがって，「どういうふうなことをすれば仲良くできたと思えるのか？」「何をしたら仕事が進んだと思えるのか？」「どのようにできたら，だらだらしなかったと思えるのか？」と尋ねます。たとえば，だらだらしないは，「12 時までに布団に入る」「11 時以降はインターネットを触らない」「2 時間以上テレビを観ない」のように表現しておくことが大切です。具体化できていない行動は，「具体的にたとえばどんな行動をしたら，そう思えますか？」とか，「行動している自分の姿がイメージできますか」と自問自答することが役に立ちます。仲良くする行動は，「挨拶をする」「“お疲れさま”って声をかける」，気持ちを落ち着かせる行動は，「深呼吸をする」「音楽を聴く」などが挙げられます。そのレベルにまでなると測定できます。先の例のように「仕事の大変さを感じないようにする」という目標だと，どうなれば感じないといえるのかが明確ではありません。このような場合は，たとえば，「仕事の大変さ」を明確に定義したあとで，「現在の状態を 100 点とした場合，1 週間後に 80 点になっているようにする」というように簡易の尺度を作って，それを用いてもよいかもしれません。

③　**Achievable：達成可能か？　難しすぎないか？**
　「Achievable：達成可能か？　難しすぎないか？」は，設定した目標が達成可能かどうかを評価するもので，通常，達成できそうという自信が 80％くらいのところに設定します。ここはクライアントに達成できそうという自信を率直に質問し，それに基づいて設定します。クライアントの中には，なんでも「できます」と答える人もいるので，その場合は，「本当

にできますか？」のように質問し，何回かやりとりを行うことで，慎重に
設定していきます。

④　**Relevant：心配や問題が少しでも解決するか？**
　「Relevant：心配や問題が少しでも解決するか？」は，③「Achievable：
達成可能か？　難しすぎないか？」とセットとなる観点です。しばしば，
具体的（Specific）で達成可能（Achievable）な目標設定を行った結果，目標
のレベルが低くなりすぎて，それを達成したとしても，もともとの問題の
解決に近づいたとは言えない場合があります。たとえば，ダイエットに関
する問題解決で，セラピストとクライアントのやりとりの結果，達成可能
（Achievable）な目標設定として，「1 カ月で 500 g の減量を行う」と設定し
た場合，もしその目標を達成したとしても，その結果をもって「自分の努
力によりダイエットが成功した」とは言いにくいものです。このような目
標設定は，もし達成したとしても問題解決に対する満足が低くなり，問題
解決の継続への動機づけを低めてしまうことがあります。そのため「心配
や問題が少しでも解決するか？（Relevant）」の観点から，クライアントに
とって少しチャレンジングな目標となるように修正が必要となる場合もあ
ります。

⑤　**Timed：期限が決められているか？**
　「Timed：期限が決められているか？」は SMART ゴールの中で最も重
要な観点です。私たちの日常生活において，達成できない目標の多くに
は，達成までの期限が設定されていません。たとえば，「早く原稿を仕上
げる」という目標には具体的な期間や期日が設定されていないために，つ
いついその課題に取り組むことが先延ばしにされてしまいます。先延ばし
できないようにすることを行動経済学ではコミットメント（池田，2012）

といい，この「期限が決められているか？（Timed）」の観点は，問題解決に取り組む人にコミットメントを設定させるための方法であるといえます。期限を決めることは内的コミットメントを高めることであるということができます。とくに，問題解決療法において，クライアントがセラピストに期限を宣言することは外的コミットメントとなり，問題解決の動機づけを高めます。

　実際に問題解決療法を進めていくうえで，このSMARTゴールによる目標の点検は，次のステップである「解決策創出」とあわせて行ったほうが効果的です。前述の「心配や問題が少しでも解決するか？（Relevant）」の観点のところに記載したように，まず目標を考えて，それを「具体的（Specific）」に，「達成可能（Achievable）」にしすぎてしまうと，最初の問題に対して，「心配や問題が少しでも解決するか？（Relevant）」を満たさない小さい目標が設定されてしまうことになります。その結果，このあとの解決策のレパートリーの幅が狭くなってしまいます。最初は，目標設定をSMARTにせずに暫定的な達成できそうで少しでも心配や問題が解決しそうな（smARt：AとRを重視）目標としておいて，次のステップの「解決策創出」を行ってから具体的であとで達成したか点検できて期限のある（SMarT：S，M，Tを重視）目標設定を調整することを勧めます。筆者らのSOLVEプロジェクトでは，解決策創出により導かれるものを行動目標と呼び，目標設定により導かれる状態目標とあわせて，それらを明確にすることを「SMARTプラン」の作成と呼んでいます。問題解決キャンバスにおける目標設定の記述の仕方は，次の解決策創出のところとあわせて「SMARTプラン」の記述としてのちほど解説します。

5-3　ステップ3：解決策創出

●問題解決＝ギャップを埋める解決策を考える

　暫定的なビジョンに基づく目標（状態目標）を設定したら，解決策，すなわちその目標を実現するための具体的な行動を考えていきます。ここで，問題解決を山登りにたとえて，解決策を創出する練習をしてみましょう。図5-5のように，現在の状態を「山の麓にいる状態」，目標とするビジョンを「頂上にいる状態」とすると，そのギャップを埋めるためにどのような方法が考えられるでしょうか？

　頂上に行くための方法として，「歩く，車，バス，ロープウェイ，ヘリコプター」などは，すぐに頭に浮かぶでしょう。しかし，それ以上を考えようとすると思考が止まるのではないでしょうか。解決策を創出する際も，過去の経験が影響しているようです。今までにみずからが経験したこと，周りから得た情報によって，人は無意識に頭の中で「この方法はできる，この方法はできない」と判断してしまいます。これまでの経験や知識に合致しない方法が頭に浮かぶと無意識に却下している可能性があります。このように自分の「思考の枠」の中だけで判断しながら考えると，最終的に残る解決策の数が必然的に少なくなってしまいます。数が少ないだけでなく，これまでと代わり映えのしない「いつもの方法」だけが残っていることになります。

　問題解決療法においては，自分の「思考の枠」の外にまで思考を拡散させるために「ブレーンストーミング」（brain storming）を行います。ブレーンストーミング法とは，「脳の中に嵐を起こす」という意味で，アレックス・F. オズボーン（Osborn, 1948）によって考案された会議方式の1つで，集団思考，集団発想法により課題抽出を行う方法です（図5-6）。これ

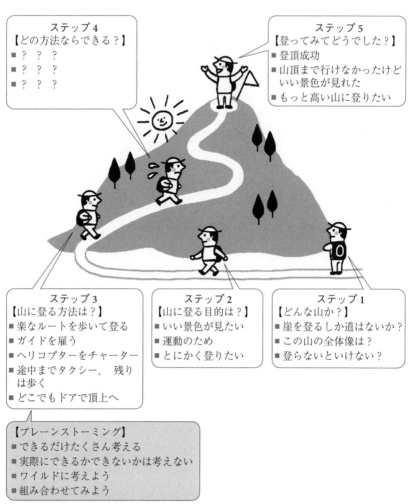

ステップ4
【どの方法ならできる?】
- ? ? ?
- ? ? ?
- ? ? ?

ステップ5
【登ってみてどうでした?】
- 登頂成功
- 山頂まで行けなかったけどいい景色が見れた
- もっと高い山に登りたい

ステップ3
【山に登る方法は?】
- 楽なルートを歩いて登る
- ガイドを雇う
- ヘリコプターをチャーター
- 途中までタクシー, 残りは歩く
- どこでもドアで頂上へ

ステップ2
【山に登る目的は?】
- いい景色が見たい
- 運動のため
- とにかく登りたい

ステップ1
【どんな山か?】
- 崖を登るしか道はないか?
- この山の全体像は?
- 登らないといけない?

【ブレーンストーミング】
- できるだけたくさん考える
- 実際にできるかできないかは考えない
- ワイルドに考えよう
- 組み合わせてみよう

図 5-5　解決策創出を山登りにたとえる──ブレーンストーミングとは?

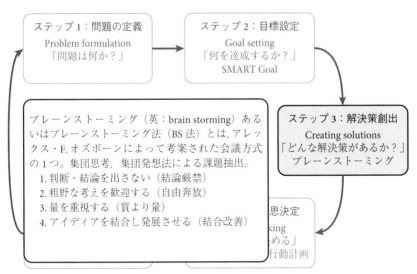

図 5-6　解決策創出とブレーンストーミング

は，①判断・結論を出さない（結論厳禁：「実際にできるかどうかは考えな
い」），②粗野な考えを歓迎する（自由奔放：「ワイルドに考えよう」），③量
を重視する（質より量：「できるだけたくさん考えよう」），④アイディアを
結合し発展させる（結合改善：「組み合わせてみよう」）の 4 つのルールに
従い，アイディアを出していくやり方です。問題解決療法の解決策創出の
ステップにおいては，まずは，「数を出すこと」を優先して，セラピスト
はクライアントに解決策をどんどん出すように促します。しかし，「判断
・結論を出さない」のルールを，さらに「粗野な考えを歓迎する」のルー
ルを明示しておかないとすぐに行き詰まってしまいます。セラピストは，
「判断・結論を出さない」ことをクライアントにしっかりと説明し，突拍
子もない方法，非現実的な方法，実行不可能な方法であっても，どんどん
書き出していってもらうことが大切なのです。そうすることで，徐々に思
考が柔軟になり，今まで思いつかなかったアイディアがひらめくことがあ

ります。たとえば，ドラえもんの「どこでもドアを使う」「タケコプターを使う」とか，「魔法を使う」などの非現実的な方法や，「飛行機からパラシュートで降りる」など突拍子もないような方法を考えていると，今までの「思考の枠」にとらわれない方法にまで思考が拡散していきます。そしてこの思考が広がっていく過程は，気づくといつも楽しい作業となります。

　さらに，抽象的に表現された方法は実際にできるかどうかの可能性，実行可能性が低くなりますので，具体的な行動を記述していくことによって，解決策のバラエティを増やすことができます。たとえば，頂上に行く方法として，「乗り物で行く」にとどめず，「マウンテンバイク，スキー，三輪車，一輪車，籠，エレベーター，エスカレーター」など具体的な乗り物を考えることによってバラエティを増やすことができるのです。さらにこれらの方法を組み合わせることでより有効な解決策を作ることもできます（結合改善のルール）。たとえば，「途中まで車，そこから徒歩」さらに，「山の麓にいる状態」と「頂上にいる状態」のギャップを埋めるために，麓から頂上を目指すという方向だけでなく，山を崩して麓と頂上のギャップを埋めるという方向もあるのです。

　このように解決策創出において「ブレーンストーミング」を行うことで，これまでの自分の「思考の枠」にとらわれず，枠外にまで思考を拡散させることにより，問題解決の糸口となる方法に出会える可能性が高まります。私たちの普段の問題解決において解決策を考える際には，このように意図的に思考の枠を広げるということをしてないために，「いつもの方法」しか思いつくことができず，問題解決が実現しないということがあります。このような技術を使うだけでも，問題解決の質を高めることができます。

　またこの方法は，グループで行うことが望ましいです。効果的な解決策は自分自身のいつものレパートリーからだけではなく，多くの人，できれば多様なバックグラウンドの人が集まったところで出し合ったほうが解決

策のレパートリーを広くすることができます。そのため，個人を対象とした問題解決療法では，セラピストがこのブレーンストーミングに積極的に参加し，さまざまなアイディアを提供したり，クライアントに考えてもらうようにファシリテートしたりする必要があります。そのためにはセラピスト自身も普段から，ブレーンストーミングを意識して，さまざまな日常の解決策を書き留めておくなどの準備をしておく必要があります。また，クライアントにこのブレーンストーミングの部分をホームワークとして，家で家族と一緒にブレーンストーミングをやってもらうようにするというのも効果的な方法です。

◆問題解決キャンバスでの SMART プランの創出

「目標設定」と「解決策創出」のステップについて，実際に問題解決キャンバスに記述し，全体として SMART なプランになるようにします。この段階ではまずは具体的な解決策を書き出すところまでを行います。事例の最初の問題は，「最近生活が乱れていて，仕事のパフォーマンスにも影響が出ている」でした。この事例において最終的に得たい状態のビジョン，すなわち状態目標は，「ぐっすり寝て，頭がすっきりした状態で仕事をする」となりました。この状態では，達成可能（Achievable）で問題解決に貢献しそう（Relevant）な目標ですが，それ以外は SMART ではない目標です（図5-7）。

ここで，解決策についてブレーンストーミングを行ってみたところ，「7時間睡眠時間を確保する」「毎朝，決まった時間に起きる」など7つの解決策を考えることができました。このときに一番注意しなければいけないのは，「〜する」という自分自身を主語とした行動として解決策を記述することです。解決策は，具体的な行動の目標なので，問題解決キャンバスでは，「行動目標」（Behavior goals）と呼んでいます。解決策を考える際に

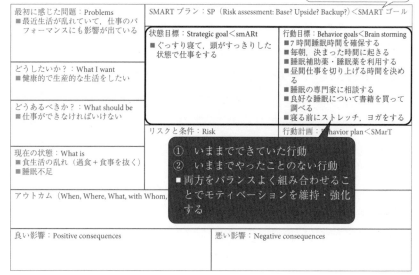

図 5-7　問題解決キャンバスにおける SMART プランの記述

は，今までできていた行動に加えて，今までやったことのない行動をブレーンストーミングのルールを活用して考えて，このリストに加えていきます。両方をバランスよく組み合わせることで，クライアントのモティベーションを高めたり維持したりすることのできる解決策を考えることができます。

5-4　ステップ4：意思決定
●解決策の意思決定と行動計画

ステップ4は，意思決定のステップで，ここでは，リストに挙がった解

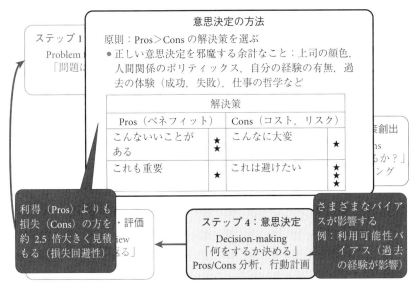

図 5-8　問題解決における意思決定の方法

決策のうち実際に実行するものを選択（意思決定）し，それを具体的な行動計画に落とし込んでいきます（図5-8）。最適な解決策を実行するためにはできる限り合理的な意思決定を行っていく必要があります。

　私たちの日常生活での意思決定においてもさまざまなバイアスが影響を与えます。問題解決においてとくに影響を与えると考えられるバイアスは，利用可能性バイアスと現在バイアス，そして損失回避性です。利用可能性バイアスとは，過去の成功体験が将来の意思決定に影響を与えてしまうことです（大竹・平井，2018）。昔成功した解決策は，今の状況においても有効であるとは限りませんが，昔成功したということだけでそれを今の異なる状況にも適用しようとしてしまいます。現在バイアスとは，たとえば夏休みの宿題を今やるよりも後でやる方が面倒くささ（心理的負担）が小さ

45

く見え（割り引かれ），夏休みの宿題をギリギリまでやらないでおくという，先延ばしのことです（大竹・平井, 2018）。とくに，心理的負担の高い，やりたくない仕事は，「今日それをすべきではない理由」を探してついつい先延ばしにしてしまいます。ストレスをもたらすような問題解決に取り組む際にも，それを先延ばそうとしてしまいます。SMART ゴールを設定するのもこの現在バイアスへの対策です。しかし，せっかく SMART ゴールを作ったときでも，最終の意思決定で先延ばしをしてしまうこともあります。また，意思決定の際に，解決策を行うことで得られる利益よりも損失を約 2.5 倍大きく見積もり，損失を回避にしようと合理的な判断を困難にしてしまう損失回避性が働くことがあります。

　そこでこれらのバイアスを考慮した意思決定の手続きが必要になります。

　問題解決療法の意思決定において最もよく用いられる方法は，Pros/Cons 分析と呼ばれる方法です。Pros とは解決策を行うことで得られる利益のことで，一般的にはメリットといいます。一方で，Cons とは解決策を行う際のコストやリスクといった損失のことで一般的にはデメリットといいます。実際の問題解決療法では，クライアントへは，わかりやすく「メリットとデメリットの分析を行う」と説明することが多いです。

◆ Pros/Cons 分析

　解決策のリストの中からいくつかを取り上げ，次に Pros/Cons 分析を行っていきます。具体的には，1 つの解決策について図 5-8 のように，Pros（メリット）と Cons（デメリット）について考えられるものをすべて書き出してみます。

　たとえば，ワークショップの練習でよく行う山登りのワークでは，「歩いて登る」の解決策のメリットとして，「達成感がある，お弁当がおいしい，友達との会話が楽しい，お金がかからない，植物に触れることができ

る，空気がおいしい」などがあります。デメリットとしては「時間がかかる，疲れる，遭難するかもしれない，獣に遭遇するかもしれない，装備にお金がかかる」などが考えられます。もう1つ「ヘリコプターで登る」という解決策に対しては，メリットとして，「速い，上空からの景色が楽しめる，友達に自慢できる，体が不自由でも行くことができる，爽快な気分が味わえる」などがあるでしょう。また，デメリットとしては「お金がかかる，天候に左右される，墜落の危険性がある，免許が要る」などが考えられます。

　Pros と Cons をすべて書き出したら，それぞれの項目について，今の自分にとって，どれくらい重要であるかを評定します。最も重要であれば「3」，重要であれば「2」，少し重要であれば「1」，重要でなければ「0」と評価しておきます（図5-8のように★の数で表現してもよいです）。そして，メリットの合計得点からデメリットの合計得点を引き，得点がプラスであれば「メリットが大きい方法である」，得点がマイナスであれば「デメリットが大きい方法である」と判断することができます。先ほど触れたように，我々には，利得（Pros）よりも損失（Cons）を約2.5倍大きく見積もるという損失回避性という特徴があります（大竹・平井，2018）。このように複数の解決策の Pros と Cons をすべて書き出し，それぞれ重みづけを行うことで，このような損失回避性の影響を少なくすることができます。さらにこの作業を繰り返し行っていくなかで，今の自分が価値をおいているものに気づき，自分の What I want「〜したい」の明確化に役立ちます。

◆ SMART な行動計画を立てる
　解決策のリストの中から，Pros/Cons 分析を行って，望ましい解決策を選ぶことができたら，次に行うのは具体的な行動計画にすることです。この際に重要になってくるのが，解決策が SMART な状態目標と行動

目標に従っているかということです。SMART ゴールとは，前述のように，「Specific：具体的か？」「Measurable：あとで達成したか点検できるか？」「Achievable：達成可能か？　難しすぎないか？」「Relevant：心配や問題が少しでも解決するか？」「Timed：期限が決められているか？」の 5 つの観点から目標を設定することで，通常の問題解決療法では，目標設定のステップで行いますが，それを厳守すると解決策のブレーンストーミングで多様性が確保できなくなるため，SOLVE プロジェクトの問題解決療法では，行動計画の策定の段階で SMART ゴールの観点を使って最終点検するようにしています。とくに，「Timed：期限が決められているか？」は，行動計画をスケジュールに落とし込む際には必須のものです。考えた状態目標と行動目標を確実に達成するためには，期限とその中での回数や期間，どのくらいの時間を使うかなどについてできるだけ明確にしておく必要があります。これによりクライアントにとって外的コミットメントと内的コミットメントを高めます（38 ページを参照）。

　SMART な行動目標を立てることができれば，それを定められた期限の中で達成できるように実際の行動のスケジュールに落とし込んでいきます。これを行動計画（Behavioral planning）と呼んでいます（図 5-9）。具体的に，いつ・どこで・何をするかを明確にし，「工程表」やカレンダーのスケジュールに書き込んでいきます。その際，必ず達成することを想定した「①ベースプラン」と，環境の変化などで必達計画が実施できなくなったときに代わりに行う「②バックアッププラン」，さらに予想以上に進展したり，奇跡が起こったりしたときに達成できたらいいと感じられるような「③ドリームプラン」の 3 つの目標を立てておきます。

　このように 3 つのプランを立てることは，問題解決におけるリスクマネジメントであり，ビジネスの世界で「プロジェクトマネジメント」として用いられている方法で，私たちの問題解決の精度を高め，問題解決の失敗

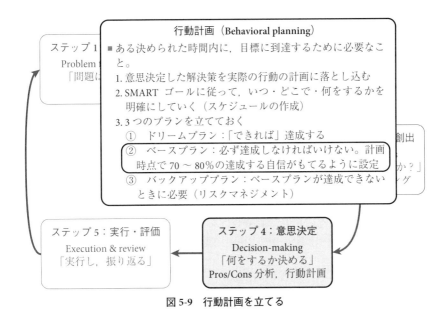

図 5-9　行動計画を立てる

を防止します。

　まずベースプランは，計画時点で 70〜80％の達成する自信がもてるように設定します。

　次に，問題解決においてバックアッププランを作るということは，リスクマネジメントを行うということです。人間の行動は環境に依存しています。そのため解決策の主体である自分の要因を整えても，環境側の要因により解決策が実行できない場合もあります。たとえば，ダイエットのために「休日に近所の山に登る」という解決策（行動目標）を設定した場合，もし天気が悪くなれば，その解決策を実行することができなくなります。あらかじめ天気が悪くなることを想定し，そうなった場合に何をするかを定めておくことがバックアッププランです。たとえば天気が悪いときは近

所のデパートでエレベーターやエスカレーターを使わずに買い物するというのをバックアッププランにしておくことが考えられます。

ドリームプランは，クライアントが大きな問題を扱いたい場合，SMART ゴールに従って，目標設定を行った結果，長期にわたって，小さい目標を少しずつクリアしていかなければならなくなった場合，最終的な問題解決を目指し，動機づけを維持するために必要な目標です。たとえばダイエットに取り組む場合も，最初はなかなか目標を達成するが難しく，「1 カ月で 1 kg 減量する」が現実的であっても，「1 カ月で 5 kg 減量する」というドリームプランをもっておいたほうが，成功のイメージを持ち続けることができるようになり，動機づけを維持することができるかもしれません。

◆問題解決キャンバスでの SMART プランにおける行動計画の策定

「意思決定」のステップについて，実際に問題解決キャンバスに記述してみます。解決策のリストとして挙げられていた「7 時間睡眠時間を確保する」「毎朝，決まった時間に起きる」など 7 つの解決策の中から，Pros/Cons 分析を行った結果を「行動計画」の欄に記入します。この例では，ベースプランとして，「週に 5 日，7 時間睡眠を確保できるように，睡眠の専門家の指導の下，睡眠の記録をつける（月 1 回専門家に相談に通う）」となりました（図 5-10；具体的に測定可能な箇所に下線を引いておくこともあります）。ここで，この解決策の実行を具体的にイメージし，この解決策を行うことで，状態目標の達成に近づくのかを点検します。この解決策が最終的に SMART なものになっていることが重要です。SMART とは，具体的，測定可能，達成可能，妥当な，期限の設定された目標のことでした（34 ページを参照）。明らかにできなさそうな行動目標は，問題解決へのモティベーション低下を招きます。またこの例のように「週に 5 日」と

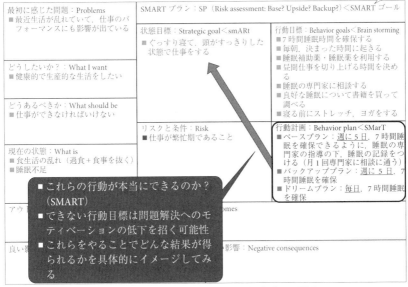

〈SOLVE〉問題解決キャンバス Ver 2.0 Specific, Maesurable, Achievable, Relevant, Timed

最初に感じた問題：Problems ■最近生活が乱れていて，仕事のパフォーマンスにも影響が出ている	SMART プラン：SP（Risk assessment: Base? Upside? Backup?）＜SMART ゴール	
	状態目標：Strategic goal＜smARt ■ぐっすり寝て，頭がすっきりした状態で仕事をする	行動目標：Behavior goals＜Brain storming ■7 時間睡眠時間を確保する ■毎朝，決まった時間に起きる ■睡眠補助薬・睡眠薬を利用する ■昼間仕事を切り上げる時間を決める ■睡眠の専門家に相談する ■良好な睡眠について書籍を買って調べる ■寝る前にストレッチ，ヨガをする
どうしたいか？：What I want ■健康的で生産的な生活をしたい		
どうあるべきか：What should be ■仕事ができなければいけない	リスクと条件：Risk ■仕事が繁忙期であること	行動計画：Behavior plan＜SMarT ■ベースプラン：週に 5 日，7 時間睡眠を確保できるように，睡眠の専門家の指導の下，睡眠の記録をつける（月 1 回専門家に相談に通う） ■バックアッププラン：週に 5 日，7 時間睡眠を確保 ■ドリームプラン：毎日，7 時間睡眠を確保
現在の状態：What is ■食生活の乱れ（過食＋食事を抜く） ■睡眠不足		

■これらの行動が本当にできるのか？（SMART）
■できない行動目標は問題解決へのモティベーションの低下を招く可能性
■これらをやることでどんな結果が得られるかを具体的にイメージしてみる

図 5-10　問題解決キャンバスへの行動計画の記入

いう目標設定は，目標の達成を具体的に測定可能（SMART の M）ですが，同時に，曜日を特定しているわけではないので，その日の忙しさに合わせて解決策の実行を調整できます。これにより目標達成の可能性を高めることができ，問題解決における継続のモティベーションを高めることにもつながります。

またこの例のように，問題解決キャンバスの「リスクと条件」の欄を活用し，目標達成を阻害する要因があらかじめわかっている場合は，「仕事が繁忙期であること」のように書き込んでおきます。これがあれば，具体的にバックアッププランを立てることができます。この例の場合は，仕事が忙しくて家に帰るのが遅くなることが増えた場合は，行動目標を「週に

5 章　問題解決療法の 5 つのステップ

<u>5日</u>，7時間睡眠を確保する」に修正するようにしています。逆に，仕事があまりない週になる場合もあるので，その場合は，「<u>毎日</u>，7時間睡眠を確保する」がドリームプランになるので，それも記載しておきます。ここに，バックアッププランとドリームプランを記載することは必須ではありません。しかし，問題解決の精度を上げるためには，そこまで考えて記載しておくほうがよいでしょう。

◆解決策創出と意思決定のステップを切り分ける

　私たちの普段の問題解決では，ステップ3の解決策創出のステップと，ステップ4の意思決定のステップが混ざって行われていることが多いです。設定された目標に対して解決策（行動目標）を考える際に，1つの解決策を考えてその都度それができるかできないかを考えてしまいます。そのため「普段用いられている方法」が選ばれてしまうことが多く，より効果的な解決策があったとしてもそこまで検討されることがありません。問題解決療法では，ステップ3とステップ4をしっかりと切り分けることで，先述のようにステップ3において，ブレーンストーミングをしっかり行い，これまで思いつかなかった解決策を行動のレパートリーに入れることができ，その後で，ステップ4でより合理的な意思決定ができるようになります。効果的な問題解決は，適切な問題の定義とこの解決策創出と意思決定の切り分けにその本質があると考えています。

　じつは，この解決策の創出と意思決定の切り分けは，私たちの仕事の会議や事例検討のカンファレンスにおいても同じことが起こっています。たとえば，ある症例について検討していて，誰かが解決策に関する意見を言うと「それは難しいんじゃないか」という発言が出てしまうとそれに対して，新しい意見が出にくくなって，とくに何も新しい方針が出せないままカンファレンスが終了してしまうことがあります。また，影響力のある人

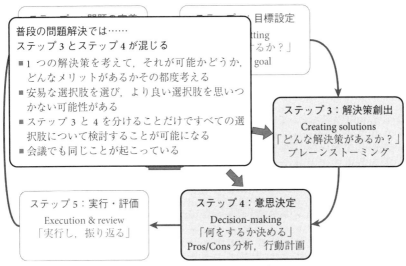

図 5-11　解決策創出と意思決定のステップを切り分ける

が「こうしたらいいんじゃないか？」と先に言ってしまうと、他の人はそれがいい方法ではないと思っていても、意見を出せなかったり、その方法に決まってしまったりすることがあります。

　このような場面でも、解決策創出と意思決定を切り分けることを意識した会議のルール設定や司会（ファシリテーション）を行うことができると普段の会議やカンファレンスをより生産的で「楽しい」ものにすることができます（図 5-11）。

5-5　ステップ 5：実行・評価

　行動計画を立てたあとは、それを実行することになります。通常の問題

解決療法では最低でも1週間の期限を設定し，その間に解決策を実行してきます。ここで注意したいことは，やると決めた行動は設定した期限まで続けなければいけないことです。私たちは，しばしば問題解決に関する行動を，設定した結果が得られそうにないと何となく感じるとその行動を止めてしまうことがあります。そうなると計画していた解決策が適切であった（もし実行できていたら解決できていた）のか，不適切であったのかをあとで評価することが難しくなります。また，期限に達したあとで，望ましい結果が出なかったり，満足できなかったりした場合は，計画を「変えてもよい」あるいは「やめてもよい」と最初に認識しておくことです。期限がきたあとでも「計画を変えてはいけない」「やり始めたらやめてはいけない」と思うと，解決策を開始することを先延ばししてしまったり，意欲的な目標設定ができなくなったりします。決められた期限の中では，きっちり解決策や行動を継続し，それが適切かどうかの判断は，きちんとレビューをしたあとにしましょう。

　解決策の実行後には，その結果どうなったのか（Outcomes）についてのレビューを必ず行います（図5-12）。レビューのために，何を，いつ，どこで，誰と行ったかを記録します。その際，目標がどのくらい達成されたかを得点化しておくとレビューを行いやすくなります。たとえば，「完全に達成した」を100点満点として，「かなり達成できた」を80点，「ほとんど達成できなかった」を10点，「何も達成できていない」を0点のように点数をつけます。この際，この得点はまったく厳密なものでなくてかまいません。実行した問題解決に対する満足度の代表値と思って評価してもらえれば十分です。

　問題解決においては，事前に目標としていなかった成果や副作用のような結果を得ることがしばしばあります。そこで，解決策に取り組んだことによって生じた「良い影響」（Positive consequences）と「悪い影響」

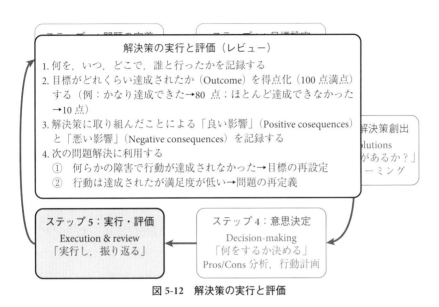

図 5-12　解決策の実行と評価

（Negative consequences）を目標に対する成果とは別に記録しておきます。「良い影響」とは，たとえば，ダイエットに関する目標を設定した問題解決を実行した結果，体重の減少に加えて，日中の活動性が高まったというようなことです。これに対して，「悪い影響」とは，ダイエットのために運動すると仕事をする時間が減ってしまい，締切に間に合わないことがあったというようなことです。

　これらのレビューは，次の問題解決をどうしていくかのフィードバックに使います。問題解決が成功し，その成果に満足した場合は，目標設定を高くしたり，それを継続することを次の目標に設定したりします。何らかの障害で行動が達成されなかったときは，目標の再設定を行います。一方で，「悪い影響」の中に新たな問題や課題が見つかることもあります。先のダイエットの問題解決の例だと，「仕事の量が多い」という問題が見つ

かり，「仕事を減らしたい」という What I want「〜したい」が見つかるかもしれません。もし，その問題のほうが自分にとってより本質的で取り組みたいものであると思えば，問題を再定義し，新たな問題解決に取り組んでいきます。

◆ 実行・評価のステップにおける機能分析の視点

問題解決療法において実行された解決策がどうなったかを評価するために，役に立つ考え方の1つが，行動療法で用いられる「機能分析」の視点です。実行した解決策が適応的な結果を出しているかどうかを評価しなければいけません。そのためには，機能分析の視点が役に立ちます。

機能分析とは，問題行動の維持要因を，行動の連鎖に沿って明確化することです（坂野ら，2005）。行動の連鎖とは，①行動がどんな状況で起こるのか（弁別刺激・確立操作，条件刺激，先行刺激：Antecedent），②どんな行動か（標的行動：Behavior），直後にどのような結果が起こっているか（結果：Consequence）に分けることができます（以下，先行刺激を A，行動を B，結果を C と表します）。

問題解決にあてはめると，定義された問題が先行刺激となり，解決策が行動，そしてその結果となります。問題解決の場合は，結果が問題に対して望ましい結果（意味のある肯定的な変化）をもたらすことができれば，問題が解決されたと考えることができます。一方で，解決策となる行動の結果，望ましくない結果が得られることもあります。この意味で，問題解決の結果の評価には，機能分析の考え方をあてはめることができます。

自分を「楽」にしてくれる解決策を見つけるためには，環境との相互作用を考慮する必要があります。図 5-13 に示したように，先行刺激となる状況で，行動が引き起こされ，その結果，「楽」になった場合，その解決策は「機能する」「機能した」といいます。つまり，自分を「楽」にするた

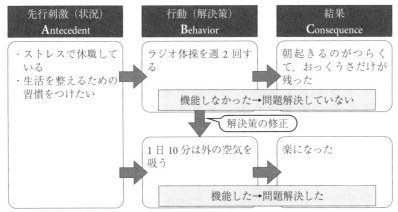

先行刺激（状況） Antecedent	行動（解決策） Behavior	結果 Consequence
・ストレスで休職している ・生活を整えるための習慣をつけたい	ラジオ体操を週2回する 機能しなかった→問題解決していない	朝起きるのがつらくて、おっくうさだけが残った
	解決策の修正	
	1日10分は外の空気を吸う 機能した→問題解決した	楽になった

図5-13　問題解決における機能分析

めに役に立ったという意味です。一方で「楽」にならなかった場合，その解決策は「機能しない」「機能しなかった」ことになります。

　ケースバイケースで自分を「楽」にしてくれる解決策は異なります。みなさんにとって，ストレス解消法は何ですか？　「友達と話す」「買い物をする」「走る」など回答はさまざまです。このように，ストレスが溜まっているという同じような状況であっても，人によって「機能する」解決策は異なるのです。

　ある手がかり状況（A）で，自分が「楽」になったという結果（C）が得られていないのが「問題」です。「楽」になったという結果（C）を導く可能性がある行動（B）をさまざまな角度から探し，最終的に「楽」になったという結果（C）を得ることができれば，問題は解決されたといえるでしょう。

　どの行動（B）が機能するか否かは実行してみないとわかりませんので，試しに解決策を実行し，その結果を見ることで，状況と行動のどこが問題かのあたりをつけていくのです。たとえば，「1日10分は外の空気を吸

う」という解決策を選択した場合，結果として「楽」になったら，その状況（A）で，その行動（B）は機能したと評価されます。一方，「ラジオ体操を週2回する」という選択をした場合，結果として「朝起きるのがつらくて，おっくうさだけが残った」という結果（C）であったなら，その行動（B）は機能しなかったと評価されます。このように，解決策として取り組んだ行動が機能しなかった場合，別の行動に変容させることで，機能する行動，すなわち解決策を見つけていきます。

　問題解決療法において，最初に取り組んだ解決策を実行した「結果」について評価するときに機能分析の視点を用います。解決策を実行した結果，「楽」になるという結果が得られていなければ，問題解決がうまくいっていないということになり，解決策としての行動を別の行動に変容，修正させるか，問題の定義や目標の修正を行っていきます。また，前述の「良い影響」も「悪い影響」もこの機能分析の考えを反映したもので，それを次の問題解決をより良くするために活用していきます。

◆問題解決キャンバスでの解決策の実行と評価

　問題解決の「実行と評価」のステップについて，実際に問題解決キャンバスに記述してみます。解決策のベースプランとして設定された「週に5日，7時間睡眠を確保できるように，睡眠の専門家の指導の下，睡眠の記録をつける（月1回専門家に相談に通う）」を実行した結果を，アウトカムの欄に記入していきます。そのとき，できるだけ具体的，かつ簡潔に記入することが望ましいです。今回の場合は，「睡眠時間が確保できたため，頭がすっきりした状態で仕事ができるようになった」と記載し，さらにこの解決策の満足度を100点満点中，85点と評価し，それを記入しました。さらに，解決策を実行したことで生じた「良い影響」（Positive consequences）として「仕事の効率が上がった」，「悪い影響」（Negative

〈SOLVE〉問題解決キャンバス Ver 2.0　　Specific, Measurable, Achievable, Relevant, Timed

最初に感じた問題：Problems ■最近生活が乱れていて、仕事のパフォーマンスにも影響が出ている	SMART プラン：SP（Risk assessment: Base? Upside? Backup?）＜SMART ゴール	
	状態目標：Strategic goal＜smARt ■ぐっすり寝て、頭がすっきりした状態で仕事をする	行動目標：Behavior goals＜Brain storming ■7 時間睡眠時間を確保する ■毎朝、決まった時間に起きる ■睡眠補助薬・睡眠薬を利用する ■昼間仕事を切り上げる時間を決め
どうしたいか？：What I want ■健康的で生産的な生活をしたい		る

■解決策を実行したあとに記録して記入する
■いつ、どこで、何を、誰と、どうやって実行したのか？
■達成の満足度を 100 点満点で評価しておく
■「良い影響」と「悪い影響」を記録する

どうあるべきか？：What sh...		...にストレッチ、ヨガをする
■仕事ができなければいけ...	...	Behavior plan＜SMarT
		...プラン：週に 5 日、7 時間睡... ...保できるように、睡眠の専... ...指導の下、睡眠の記録をつ...
現在の状態：What is ■食生活の乱れ（過食＋食... ■睡眠不足		...月 1 回専門家に相談に通う） ...アッププラン：週に 5 日、7 ...眠を確保 ...ムプラン：毎日、7 時間睡眠 を確保

アウトカム（When, Where, What, with Whom, and How?）：Outcomes
■睡眠時間が確保できたため、頭がすっきりした状態で仕事ができるようになった（満足度 85 点）

良い影響：Positive consequences ■仕事の効率が上がった	悪い影響：Negative consequences ■睡眠時間を確保すると、仕事をすべてこなすことが難しい（仕事の量が多いことに気づいた）

図 5-14　問題解決キャンバスへのアウトカム、良い影響、悪い影響の記入

consequences）として、「睡眠時間を確保すると、仕事をすべてこなすことが難しい（仕事の量が多いことに気づいた)」と記入しました（図 5-14)。

　解決策のアウトカムを記入し、評価するときに注意すべきことは、やると決めた行動は設定した期限まで続け、アウトカムを評価した結果が、思った結果が出ない、満足できない場合は、計画を「変える」「やめる」ようにすることです。途中で計画を変えたり中止したりしてしまうと、評価が曖昧となり、動機づけが低下したり、次の問題解決をうまく行っていくための情報が得られなくなります。

　このように、解決策が「機能した」か、すなわち行った行動がどんな状況でどんな結果をもたらすのか理解することが重要です。さらに、図

5 章　問題解決療法の 5 つのステップ

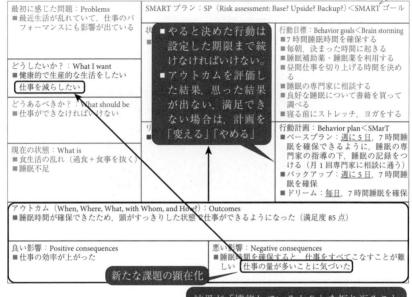

〈SOLVE〉問題解決キャンバス Ver 2.0 Specific, Measurable, Achievable, Relevant, Timed

最初に感じた問題：Problems ■最近生活が乱れていて、仕事のパフォーマンスにも影響が出ている	SMART プラン：SP（Risk assessment: Base? Upside? Backup?）＜SMART ゴール

状態　■やると決めた行動は設定した期限まで続けなければいけない。■アウトカムを評価した結果，思った結果が出ない，満足できない場合は，計画を「変える」「やめる」

どうしたいか？：What I want
■健康的で生産的な生活をしたい
仕事を減らしたい

どうあるべきか？：What should be
■仕事ができなければいけない

現在の状態：What is
■食生活の乱れ（過食＋食事を抜く）
■睡眠不足

行動目標：Behavior goals＜Brain storming
■7 時間睡眠時間を確保する
■毎朝，決まった時間に起きる
■睡眠補助薬・睡眠薬を利用する
■昼間仕事を切り上げる時間を決める
■睡眠の専門家に相談する
■良好な睡眠について書籍を買って調べる
■寝る前にストレッチ，ヨガをする

行動計画：Behavior plan＜SMarT
■ベースプラン：週に 5 日，7 時間睡眠を確保できるように，睡眠の専門家の指導の下，睡眠の記録をつける（月 1 回専門家に相談に通う）
■バックアップ：週に 5 日，7 時間睡眠を確保
■ドリーム：毎日，7 時間睡眠を確保

アウトカム（When, Where, What, with Whom, and How?）：Outcomes
■睡眠時間が確保できたため，頭がすっきりした状態で仕事ができるようになった（満足度 85 点）

良い影響：Positive consequences
■仕事の効率が上がった

新たな課題の顕在化

悪い影響：Negative consequences
■睡眠時間を確保すると，仕事をすべてこなすことが難しい　仕事の量が多いことに気づいた

結果が「機能しているか？」を振り返ることで，行った行動がどんな状況でどんな結果をもたらすのか理解することができる

図 5-15　問題解決キャンバスでの新たな課題の顕在化

5-15 のように「悪い影響」の中に新たな課題の存在に気づくことがあります。この例の場合は，睡眠時間が確保できなかったのは，仕事が多すぎるからで，じつは，当初の問題「健康的で生産的な生活をしたい」の背景にあった問題は仕事が多いことであったということです。そうすると睡眠の問題を解決するだけでは不十分で，仕事が多すぎるという問題を解決しないと本質的な問題解決はできないということになります。この問題解決キャンバスを眺めた結果，「仕事を減らしたい」という新たな What I want

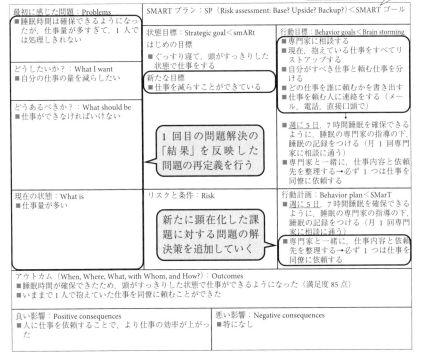

〈SOLVE〉問題解決キャンバス Ver 2.0   Specific, Measurable, Achievable, Relevant, Timed

最初に感じた問題：Problems	SMART プラン：SP（Risk assessment: Base? Upside? Backup?）＜SMART ゴール	
■睡眠時間は確保できるようになったが，仕事量が多すぎて，1 人では処理しきれない	状態目標：Strategic goal＜smARt はじめの目標 ■ぐっすり寝て，頭がすっきりした状態で仕事をする 新たな目標 ■仕事を減らすことができている	行動目標：Behavior goals＜Brain storming ■専門家に相談する ■現在，抱えている仕事をすべてリストアップする ■自分がすべき仕事と頼む仕事を分ける ■どの仕事を誰に頼むかを書き出す ■仕事を頼む人に連絡をする（メール，電話，直接口頭で）
どうしたいか？：What I want ■自分の仕事の量を減らしたい		
どうあるべきか？：What should be ■仕事ができなければいけない	1 回目の問題解決の「結果」を反映した問題の再定義を行う	■週に 5 日，7 時間睡眠を確保できるように，睡眠の専門家の指導の下，睡眠の記録をつける（月 1 回専門家に相談に通う） ■専門家と一緒に，仕事内容と依頼先を整理する→必ず 1 つは仕事を同僚に依頼する
現在の状態：What is ■仕事量が多い	リスクと条件：Risk 新たに顕在化した課題に対する問題の解決策を追加していく	行動計画：Behavior plan＜SMarT ■週に 5 日，7 時間睡眠を確保できるように，睡眠の専門家の指導の下，睡眠の記録をつける（月 1 回専門家に相談に通う） ■専門家と一緒に，仕事内容と依頼先を整理する→必ず 1 つは仕事を同僚に依頼する
アウトカム（When, Where, What, with Whom, and How?）：Outcomes ■睡眠時間が確保できたため，頭がすっきりした状態で仕事ができるようになった（満足度 85 点） ■いままで 1 人で抱えていた仕事を同僚に頼むことができた		
良い影響：Positive consequences ■人に仕事を依頼することで，より仕事の効率が上がった	悪い影響：Negative consequences ■特になし	

図 5-16　問題解決キャンバスでの 2 サイクル目の問題解決の記入例

「〜したい」を得ることができたということになります。

◆問題解決キャンバスにおける 2 サイクル目の問題解決

　新たな「問題」が見つかった場合は，2 枚目の問題解決キャンバスに問題の定義から記入していきます。1 サイクル目の問題解決で顕在化した「仕事の量が多い」という現状に対して，「自分の仕事の量を減らしたい」という What I want「〜したい」を設定し，図 5-16 のように状態目標を設

定し，解決策のブレーンストーミングを行い，行動目標を設定します。このときに，1 サイクル目の問題解決の解決策に新たな解決策を追加し，行動計画を立てます。再び実行した結果を評価し，また新たな問題が見つかれば次のサイクルの問題解決を行っていきます。

6章

問題解決の定式化

問題解決療法の
全体像を理解する

5章では，問題解決療法を，①問題の定義，②目標設定，③解決策創出，④意思決定，⑤実行・評価の5つのステップの順番に説明し，それぞれについての問題解決キャンバスへの記入例を示してきました。通常，問題解決療法はこの5つのステップを問題の定義から順番通り行うものとして説明されます。しかし，これまで解説してきたように，1サイクル目の問題解決においては，問題の定義が明確でない場合も多く，結果を評価することで問題の定義を再定義し，それにより問題解決全体の精度を上げていく必要があります。また，問題解決キャンバスのうち「とりあえず」埋められるところを埋めて，問題解決をスタートさせることもあります。たとえば，セラピストが，クライアントに「1週間の睡眠の記録をつけてきてください」と言って，問題解決をスタートさせることも可能です。その次のセッションで，「実際にやってみてどうでしたか？」と評価を行うことで，「睡眠時間が短いと次の日の仕事の調子が悪い」とクライアントが評価することで，目標を「ぐっすり寝て頭がすっきりした状態で仕事をする」と明確化していくことでもかまいません。つまり，問題解決療法では，セラピストが，問題－目標－解決策－実行の問題解決の全体構造を理解し，今，問題解決に取り組むクライアントがその全体構造の中のどこにいるかを把握し，さらにその中で機能していない部分を機能させるようにすることが重要です。この問題解決の全体構造の理解を定式化と呼んでいます（図6-1）。

　このことは，『問題解決の心理学』をまとめた安西（1985）が，「直面している状況がどんなものかを理解していなければ問題を適切に表現できないのに，問題を表現することによってはじめて状況が理解できる」と述べ，それを「表と裏の一見パラドックスな関係」と呼んだことにあたると考えられます。セラピストとクライアントは，問題解決のどこかを動かしてはじめて，クライアントの問題が何かを理解できるようになるということで

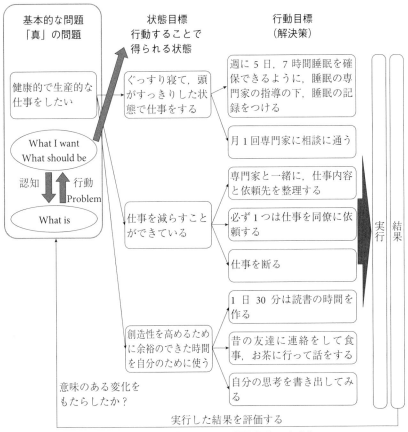

問題解決療法：問題−目標−解決策−実行の全体構造の理解（＝定式化）を行い，その機能していない部分を機能させる

基本的な問題
「真」の問題

状態目標
行動することで
得られる状態

行動目標
（解決策）

健康的で生産的な
仕事をしたい

What I want
What should be

認知　　行動

Problem

What is

ぐっすり寝て，頭
がすっきりした状
態で仕事をする

週に 5 日，7 時間睡眠を確
保できるように，睡眠の専
門家の指導の下，睡眠の記
録をつける

月 1 回専門家に相談に通う

仕事を減らすこと
ができている

専門家と一緒に，仕事内容
と依頼先を整理する

必ず 1 つは仕事を同僚に依
頼する

仕事を断る

創造性を高めるため
に余裕のできた時間
を自分のために使う

1 日 30 分は読書の時間を
作る

昔の友達に連絡をして食
事，お茶に行って話をする

自分の思考を書き出してみ
る

実行

結果

意味のある変化を
もたらしたか？

実行した結果を評価する

図 6-1　問題解決療法における問題解決の定式化

す。

　この図 6-1 の例は，5 章の問題解決キャンバスの記入例を定式化したものです。当初の問題「健康的で生産的な仕事をしたい」に対して，1 サイクル目の問題解決では，「ぐっすり寝て，頭がすっきりした状態で仕事をする」を目標にスタートしています。この段階では，「生産的」であることは達成されておらず，2 サイクル目の問題解決では，仕事の量が多いので，「仕事を減らすことができている」を目標としています。この問題解決がうまくいけば，時間に余裕が出てくるはずです。そうすると「創造性を高めるために余裕のできた時間を自分のために使う」という目標を設定し，当初取り組んだのとはかなり異なる「1 日 30 分は読書の時間を作る」といった解決策に取り組むことになります。このようにしていくと解決策のレパートリーが広がり，当初の問題である「健康的で生産的な仕事をしたい」の解決に近づくことになります。

6-1　問題解決の定式化①

● 復職の事例

　これまで見てきた問題解決療法の全体構造の理解（＝定式化）をするために，復職支援を事例として解説します。とくに以下の 2 つのポイントについて，くわしく解説していきます。

　ポイント 1：機能分析
　ポイント 2：最悪の結末を考える

◆ 休職と復職を繰り返すうつ病性障害の 40 歳代男性

① 事例概要

症例：40 歳代，男性，うつ病性障害

【家族構成】妻，高校生の息子，中学生の娘の 4 人家族

【主訴】孤独感，見捨てられ感，イライラ，自己嫌悪，不眠

【現病歴】

X－3 年 4 月（一度目の休職）

人事異動で業務内容が一変し，懸命に新しい仕事を覚えようと努力していましたが，「早く仕事を覚えなければ」と思うほど，なかなか新しい仕事を覚えられない自分に対して焦燥感といらだちを募らせていました。その頃，実母が入院したり，息子が高校でトラブルを起こしたりして，プライベートにおいても心配事が絶えませんでした。

徐々に，書類を書くことも困難な思考停止状態に陥ってしまいました。不眠，だるさの出現とともに，意識がもうろうとして現実感も喪失していきました。上りエスカレーターから降りようとしたり，逆方向の電車に乗ったり，自分がどこにいるのかわからないということが続き，妻の勧めで地元の心療内科クリニックを受診しました。うつ病性障害と診断を受け，5 カ月間，休職することになります。休養と薬物療法を中心とした治療がなされました。

X－3 年 9 月（復職）

5 カ月間の休職により，症状が緩和されため，アシスタントをつけてもらうことを条件に復職しました。しかし，しばらくしてアシスタントをしてくれていた担当者が転勤し，自身も部署内で異動となりました。その後も，上司の転勤，妻の交通事故，息子のけが等が続き，再び，抑うつ気分に陥り，X－2 年 2 月に精神科のある病院に 1 カ月入院となってしまいました。

X－1年7月（二度目の休職）

　退院後も会社に行くとしんどくなり，デスクで頭を抱えている様子を上司が見かねて，休職することになりました。しかし，復帰への焦燥感が強くなり，会社に復職の相談をしましたが，「しばらく連絡してくるな」と言われてしまいます。すると，ますます，解雇されるのではとの不安が強くなっていきました。判断力が低下し，何事においても自分で判断がつかないため，妻に確認していると「自分で考えて。何を甘えているの」「子どもと一緒だ」「自己コントロールができていない」と責められ，家庭でも居場所がないと感じ，孤独感，見捨てられ感が強くなりました。イライラ，頭の重圧感も高まっているにもかかわらず，「家族を支えるために，早く復職しなければ」と焦燥感を強めていました。

X年5月（復職）

　上司に頼み込んで，5月のゴールデンウィーク明けから復職するものの，手足のしびれがあり，会社に行っても落ち着きません。「私は嫌われている」「いらないやつが来ていると思われている」「仕事ができないと思われているのではないか」と考えると恐怖感が増し，最終的に，仕事が手につ

かなくなり，出社困難に陥りました。

X年5月中旬（三度目の休職）

　病欠で休暇を取得し，自宅療養することになりましたが，嫌なことがあると避けたり，暴れたり，家族に対して文句や嫌味を言ってしまいます。

　妻からも「あなたは甘えている，未熟だ」「自分で病気を作っている」等の発言が見られ，孤独感が高まりました。「早く復職しないと解雇される」という考えが強くなり，会社に問い合わせるも取り合ってもらえずに，焦燥感を募らせていきました。「職場でも家でも自分がいると雰囲気が悪くなる。邪魔者だと思う」等の発言が多く見られるようなったことから，主治医より，一度，カウンセリングを受けて，自分を見つめ直してみてはと提案され，カウンセリング機関を紹介されました。

②　アセスメント ── 休職を繰り返す理由を機能分析する

　図6-2を用いて，休職を繰り返す理由を見ていきましょう。休職という「A：先行刺激（問題）」がキッカケとなり，復職や焦燥感，不安，孤独感の軽減のために彼は「会社に連絡する」「妻に確認する」「妻に嫌味・文句を言う」などの「B：行動（解決策）」を繰り返し行っています。その行動によって，一時的なストレス解消になっているため，その行動が一時的に「機能している」と分析できます。しかし，会社に連絡するという行動は，会社から「連絡してくるな」と言われるという結果を招いています。さらに，妻に嫌味や文句を言うという行動も，妻から「何を甘えているの」と言われてしまい，彼が得たい結果を得ることはできていません。このように，行動が「機能していない」，つまり，現在，実行している行動（解決策）によって，「復職」や「焦燥感，不安，孤独感の軽減」という得たい結果が得られていない場合，問題の定式化を見直す必要があるのです。

6章　問題解決の定式化

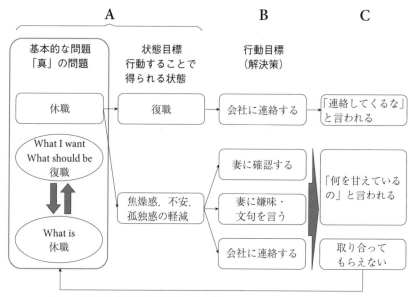

図 6-2　休職を繰り返す状態を分析（機能していない部分を見つける）

③　問題の再定式化

　問題解決療法の技法を用いて，問題の定式化を見直していきます。彼は，「問題は休職していること」と言っています。1 つの問題に固執してしまっている場合，休職していることによって生じている種々の問題についても意識化してもらう必要があります。したがって，セラピストから「休職していることによって，現在の生活において困っていること，心配していることは他にありませんか？」と質問したところ，「もっと前向きな気持ち，満足感を得たいのに，否定的な気持ちに圧倒されている」との答えが返ってきました。これまで，言語化・意識化できていなかった気持ちの問題を明らかにすることができています。

　次に，セラピストが目標について視野を広げてもらうために，「現在

の状態，つまり，休職して否定的な気持ちに圧倒されている状態が，今後，どのような状態になるといいと思いますか？」と質問してみたところ，「前向きな気持ち，満足感が得られている状態になれるといいですね」との返事を得ることができました。

　図6-3のように，問題は「前向きな気持ち，満足感を得たいのに，毎日否定的な気持ちに圧倒され，仕事に行けないこと」へ，目標は「復職」だけでなく「前向きな気持ち，満足感が得られている状態」へと広がっています。

　そして，その目標に対する行動（解決策）をブレーンストーミングのルールに則って考えてみると，「子どもと何かする」「朝，布団から出る」「図書館に行く」「料理をする」「買い物に行く」等，行動レパートリーを広げることができています。

　上記について，図6-3と図6-4にまとめてみると，「問題：毎日，否定的な気持ちに圧倒され，仕事に行けないこと」－「目標：復職，前向きな気持ち，満足感を得られている状態（今の日常でできることを増やす，笑えることをする）」－「解決策：薬を飲む，子どもと何かをする，朝，布団から出る，図書館に行く，料理をする，買い物に行く，掃除するなど」となります。

　彼は，服薬治療をしながら，洗濯，掃除といった家事，家族と笑えることをするなどの解決策を実行した結果，少しずつ前向きな気持ちや満足感を得ることができるようになっていきました。その後，無事に復職され，気持ちも安定されています。このように，得たい結果を導く「機能する」行動を見つけることが，休職を繰り返す悪循環を断つことにつながったと考えられます。

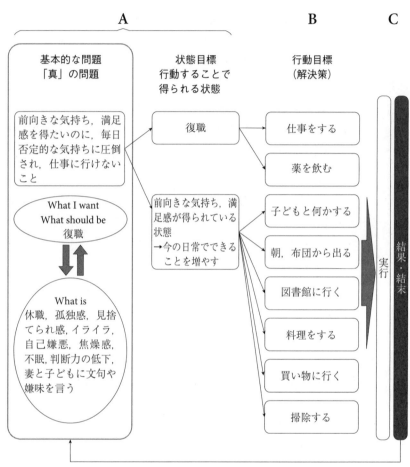

図 6-3　問題の再定式化（「機能する」状態へ）

◆最良の結末（best story）にとらわれている場合

　私たちが問題解決を行う際，はじめから最良の結末（best story）を目標
として掲げてしまう傾向があります。先ほどの事例も，はじめは「復職」
のみを目標としていました。すぐに復職という最良の結末を得られるとい

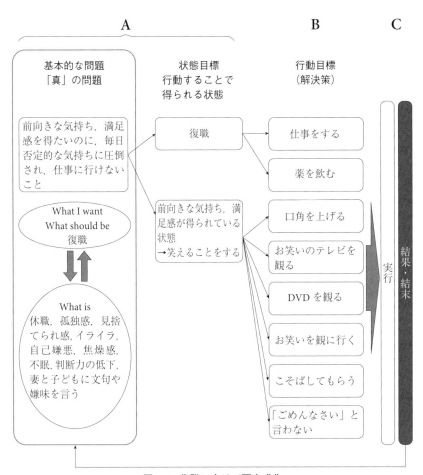

図 6-4　復職に向けて再定式化

いのですが，健康状態や職場の事情等により，難しい場合が多いでしょう。
なかなか得られない最良の結末（best story）のみにとらわれると心理的苦
痛を強めてしまうことがあります。
　このようなときに助けになるのが「最悪の結末を考える」という方法で

す。この事例の最悪の結末（worst story）を考えてみると，「病気が悪化して，仕事を辞職する。家族に見捨てられる」などが考えられるでしょう。

　このような最悪の結末（worst story）を考えてみることで，最良の結末（best story）を見直すきっかけになるだけでなく，最悪の結末以外の現実的な目標（good story）にも視野を広げることが可能になるのです。この事例の場合も，現実的な目標として，前向きな気持ちと満足感が得られる状態になるために「今の日常でできることを増やす」「笑えることをする」に目標を広げられたことで，現在の生活に機能する行動が見つかり，症状の改善に役立ったと考えられます。

　また，最悪の状態をもたらす解決策の中に，最善を導く解決策のヒントにつながるものが出てくることがあります。たとえば，最悪の結末（worst story）である「病気が悪化して，仕事を辞職する。家族に見捨てられる」状態をもたらす解決策として，「通院しない」「服薬しない」「生活習慣を乱す」「産業医や上司との面談を断る」「家族に暴言を吐く」等が考えられます。この裏返しの解決策を行うことにより最善の状態につながる可能性があるため，最悪の結末（worst story）を考えることは解決策のレパートリーの幅を広げてくれる有効な方法ともいえるでしょう。上記のことは以下のように整理できます。

　best story：最良の結末：復職（理想的な目標に偏りがちとなる）
　good story ①：現実的な目標：今の日常でできることを増やす（現在の
　　生活で機能し，症状改善につながる行動）
　good story ②：現実的な目標：笑えることをする
　worst story：最悪の結末：病気が悪化して，仕事を辞職する。家族に見
　　捨てられる（最悪の結末を考えると最良の結末にとらわれず現実的な目
　　標が見えてくる）

6-2　問題解決の定式化②

　筆者の平井は，大阪府にある市立豊中病院というがん診療拠点病院が開催するがんサポートプログラムの一部として，がん患者を対象にグループ問題解決療法のプログラムを行っていました。その中での事例を紹介し，問題解決療法における問題解決の定式化についての詳細を解説します。

　60歳代男性のXさんは，消化器のがんに罹患し，手術によって胃を切除しました。それによって病気になる前に食べられていた量の食事ができなくなりました。そこで，「食べられなくなったこと」を問題と感じ，それを解決する方法を探すためにいろいろな人の意見を聞きたいと言われ，この問題解決療法のグループに参加されました。

　このXさんにとって，手術前の健康なときは，「食べたい」ときに「食べられる自分」であったものが，手術によって胃がなくなってしまったことで，「食べたい」（What I want）のに「以前のようには食べることができない」（What is）状態となり，それがXさんにとっての「問題」となっていました。そこで，「食べられない」問題を題材として問題解決療法に取り組むことになりました。この問題に対して，「食べられそうなものを探す」という目標を設定し，具体的な解決策をグループでブレーンストーミングを行い，複数の解決策を取り上げたうえで，いくつかの解決策を実際に行ってもらい，その結果を報告してもらうことになりました。途中の経過は省略しますが，最後の問題解決療法のセッションで，Xさんは「**食べられないということはたいした問題ではないと思えるようになった**」と言われ，「食べられない」問題以外の問題である，妻の介護，昔からのなじみの飲食店の店員など人とのコミュニケーションをとることをより優先度

の高い，「そうありたいと思う状態」（What I want）として設定できるように
なりました。

　実際，この X さんが参加していたグループ問題解決療法は，筆者ともう1人の心理士がセラピストでしたが，グループを開始したときのアセスメントにおいて，この X さんの「食べられないことに対するとらわれ」をどのように取り除いていくかを介入の目標としていました。問題解決療法の開始時から「食べられないこと」以外の問題を扱うということも可能でしたが，そうすると X さんの問題解決療法への参加の動機づけを維持できなくなると考えて，「食べられないこと」を扱いつつも，他の What I want が考えられるような刺激を与えていくということを我々の治療戦略としていたのです。実際には，この約1カ月間のグループ問題解決療法の間に開催されていたがん患者・家族を対象とした管理栄養士が講師のセミナーに X さんが参加され，そのとき，栄養士に「手術から6カ月経ったのに食べられない，どうしたらいいか？」という質問をしたところ，「6カ月からですよ」と言われたこと，また同じ問題解決療法のグループに参加されていた再発の告知をされた別の患者さんから，「まだ6カ月なんで

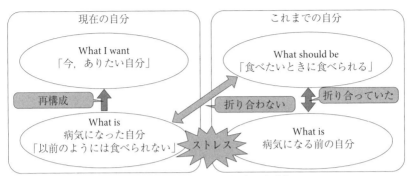

図6-5　がん患者の問題解決の定式化

しょ？」と言われことが，自分自身の「食べられない」という問題を相対的に捉えるきっかけとなったようです。

　この事例では，もともと，がんの手術をする前は，「食べられるはず／食べたい」と思う自分と実際に食べられている自分とにギャップはなかったのですが，この「食べられるはず／食べたい」（What I want）と思う自分と，病気になり，手術をしたことで「以前のように食べられなくなった自分」（What is）との間がギャップとなり，それがXさんのストレスとなっていたようです。このWhat I want と What is のギャップを埋めるための解決策をいくつか試みるなかで，結果として，「病気になった自分」を前提として，「今，ありたい自分」を再構築することができていったのではないかと思われます（図6-5）。

　What I want と What is のギャップを埋めて問題解決に至るためには，「以前のように食べたい」という What I want に合うように，What is を変容させる，すなわち病気になる前の状態に何らかの手段を使って戻ることになります。しかし，この事例の場合は，手術によってもともとの胃という器官自体がなくなってしまい，今後の経過では機能自体はある程度もとに戻

ってきますが，病気になる前のそのままの状態に戻ることは現実的には難しいです。そこで，「以前のように食べたい」という What I want を，「以前のようには食べられない」という What is を前提として変容させていく必要があります。

　この事例の X さんの場合，再構成された What I want は，「今食べられる範囲で食べたい」というものから，「妻を助けたい」「人とコミュニケーションをとりたい」を含んだ新たなものになっているといえます。そして，この新たな What I want は，「食べられるようになりたい」という思考にとらわれて行動全体が抑制されていた状態から，X さんの行動全体をポジティブな方向に向かわせる動機づけを高めるものになったと考えられます。

　問題解決療法では，この事例のように，問題解決の定式化の中で，実際の行動から，クライアントが当初もっていた What I want を現実の生活において機能するものに修正し，クライアントの行動全体を活性化する方向に支援していきます。この事例のように，機能する行動のレパートリーの広がりが出てくることが生活全体の質の向上に貢献すると考えています。

6-3　問題解決の階層性

　問題解決療法を行っていくうえで考えておかないといけないことに問題解決の階層性があります（図6-6）。まず，セラピストは，クライアントの問題が何かを明らかにし，治療目標を立て，クライアントに対するセラピストの行動を解決策として設定し，それがクライアントに有効に働いたかを評価するというセラピスト自身の問題解決に取り組んでいるということになります。つまり，問題解決のセラピストは，「自分」を主語にした「クライアントの問題解決」を問題に設定した問題解決に取り組まなけれ

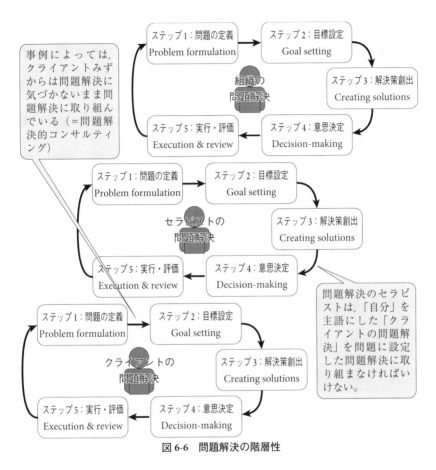

事例によっては，クライアントみずからは問題解決に気づかないまま問題解決に取り組んでいる（＝問題解決的コンサルティング）

組織の
問題解決

| ステップ1：問題の定義 Problem formulation | ステップ2：目標設定 Goal setting |
| ステップ5：実行・評価 Execution & review | ステップ4：意思決定 Decision-making |

ステップ3：解決策創出 Creating solutions

セラピストの
問題解決

| ステップ1：問題の定義 Problem formulation | ステップ2：目標設定 Goal setting |
| ステップ5：実行・評価 Execution & review | ステップ4：意思決定 Decision-making |

ステップ3：解決策創出 Creating solutions

問題解決のセラピストは，「自分」を主語にした「クライアントの問題解決」を問題に設定した問題解決に取り組まなければいけない。

クライアントの
問題解決

| ステップ1：問題の定義 Problem formulation | ステップ2：目標設定 Goal setting |
| ステップ5：実行・評価 Execution & review | ステップ4：意思決定 Decision-making |

ステップ3：解決策創出 Creating solutions

図 6-6　問題解決の階層性

ばいけないということです。つまりセラピストが扱う問題の中に，クライアントの問題解決が埋め込まれているということになります。事例によっては，クライアントみずからは，問題解決に気づかないままセラピストのガイドに従って問題解決に取り組んでいることもあります。このような場合は，問題解決療法というよりも「問題解決的コンサルティング」と呼ぶことができます（具体的な「問題解決的コンサルティング」については第8

章 8-2 節で説明します）。この場合もセラピストは自身の問題解決を定式化
し，さらにクライアントの問題解決もその中で定式化して扱っていかなけ
ればいけません。さらに，セラピストがある組織の中で働いている場合は，
セラピスト自身がその組織全体の問題解決の中に埋め込まれていると捉え
ることもできます

◆問題解決の階層性を踏まえた問題解決キャンバスの利用法

　前述のような問題解決の階層性を踏まえると，問題解決キャンバスの利
用を以下のようなフローで整理することができます。

① 　セラピストの問題解決（治療戦略）を整理する
　　＝セラピストとしての目標と行動の明確化
② 　クライアントの問題解決のアセスメントの結果を記入する
③ 　クライアントの問題解決のワークシートとして使用する
　A）クライアントと一緒にワークしながらセラピストが記入する（記
　　　入する際に，クライアントの問題を構造化するという治療的関わりを
　　　行っている）
　B）クライアントと一緒に記入する
　C）クライアント自身に記入してもらう：スキルの高い患者向け

　　　　　　　　　　　　　　　　　　　＊ A から C への移行を目指す

　問題解決療法の適応を③の C のクライアント自身がワークシートに記
入できることだと想定すると，適応できるクライアントはかなり限られる
ことになります。そのためこのフローを活用し，最低でも①のようにセラ
ピスト自身の問題解決をこの問題解決キャンバスを利用して整理し，クラ
イアントへの関わりを行っていくことで，たとえば，認知症の高齢者や発

達障害の子どもをクライアントとした問題解決療法のように，その適応の
幅を大きく広げることができます。

7章

問題解決療法の難しさ

実際の事例に対して問題解決療法を用いていくときには，セラピストは，さまざまな難しさに直面することになります。これまで筆者たちがセラピストを対象に行ってきた問題解決療法ワークショップではさまざまな質問をいただいたり，事例に対するスーパービジョンを行ったりしてきました。その中から主だったものを以下に紹介していきます。

7-1　問題解決療法はどのような人に向いているか？

　問題解決療法は，職場でのストレスや病気のストレスなどの具体的な問題や状況での悩みを抱えた人を対象とする際に，最も用いやすいと考えています。2章で述べたように，海外の研究でうつ病の患者を対象とした問題解決療法に有効性があることが示されています。したがって，うつ病や適応障害と診断されるようなストレスに関連した精神障害の患者への適用も可能です。とくにうつ病の場合は，休養が優先される急性期の場合は，問題解決療法の適用はふさわしくないと考えられますが，急性期を脱し，回復期において活動性を高めていく場面において最もその有効性を発揮できると考えています。たとえば，「職場でミスをすることが増えた」という問題がある場合，うつ症状が軽度（適応障害の範囲）であれば，仕事の状況（仕事の内容や量，サポート資源等），自分の反応（仕事のことばかり考えて眠れないことがある）を適切に報告することができます。しかし，精神症状が強い場合，その仕事の内容や量，自分の反応をも過大もしくは過少に見積もる状態にあり，実際には能力があって仕事ができていても「自分に能力がないからミスをするのだ」といったように事実と報告がズレてしまうことがあるのです。

　いずれの場合においても基本的に問題解決療法は，「セルフモニタリン

グ力」が保たれていることを前提としています。自分自身の問題状況を客観視し，整理することが求められます。つまり，どのような環境（状況）でストレスがたまりやすいのか，何がストレスになっているのか，また，ストレスがかかったときの自分のストレス反応（考え方，気持ち，行動，身体反応）を紙に書き出したり，支援者に言葉にして話をすること，すなわち適切な「コミュニケーション力」が必要になります。このような条件が満たされれば，6章に示したように，患者・クライアント自身に問題解決キャンバスを記入してもらったり，記入を補助したりしながら問題解決療法を行っていくことが可能です。

7-2　問題解決療法はどのような人には難しいか？

　前項で述べたように，問題解決療法を直接適用するためには，クライアントに「セルフモニタリング力」や「コミュニケーション力」が必要となります。精神症状が重度な精神障害や発達障害などの発達的な特性が強い場合は，問題や状況を認識すること自体が難しかったり，強いバイアスがかかったりするため，直接問題解決療法を適用することが難しくなります。その場合は，適切にクライアントのアセスメントを行い，問題の定義の部分はセラピストが行い，解決策のブレーンストーミング以降の部分をクライアントと一緒に行うような適用の仕方があります。これは行動活性化療法やソーシャルスキル・トレーニングに近い適用の仕方といえるかもしれません。この場合でも6章で述べたように，セラピスト自身の治療戦略を問題解決キャンバスを用いて整理し，クライアントの問題の分析に問題解決キャンバスを用いることは可能です。
　筆者が，乳がん患者を対象とした個人対象の問題解決療法において経験

した難しかった事例があります。クライアントは，「娘が夫にお金を借り，夫がお金を渡してしまう」ことが問題で，それに対して，「お金を渡す上限を決める」という目標を設定し，「娘の話を聞く」という解決策を実行してもらいました。その結果，娘と話をすることはできましたが，とくにそこからクライアントが家族の理解を深めたり，問題が解決に向けて進展したりするというような変化は見られませんでした。この事例では，クライアント自身は，自分の抱えているどうしようもない問題について話し合えたこと自体には満足されていたようですが，あとから振り返ると，クライアントに軽度の発達的な問題があったために，「セルフモニタリング力」が十分ではなかったからではないかと考えています。

7-3　目標を設定するのが難しい

　すぐにどうしたいか，すなわち What I want を言語化して，具体的な目標を思い描くことができる人もいれば，「自分がどうしたいのかわからない」という人もいるでしょう。「自分がどうしたいのかわからない」という場合は，とにかく行動してみることを目標として，問題解決を始めることが勧められます。行動というと，活動的に動くことを想像すると思いますが，別に寝ながらでも，座りながらでも，誰かに協力してもらってもいいので，今の自分にできそうなことを，とりあえず生活に取り入れてみることを目標とします。6章の問題解決の定式化で述べたように，まずは行動することで，みずからがどのような状況にいるかを理解することができ，それによって，What I want の言語化が促進されるのです。

　1サイクル目の問題解決療法のセッションにおいて，クライアントが目標設定に行き詰まったときは，セラピストは，「とりあえず，来週までに

何かできそうなことはありますか？」と切り出し，もともとの問題にかかわらず，クライアントが挙げたことを行動目標として設定し，まずはそれに取り組んでもらい，その結果の評価から，「では，どうなるといいと思いますか？」というような質問をすることで，2サイクル目の問題解決でのWhat I wantをより明確にしてもらうことができます。

7-4 「すべき」思考にとらわれてしまう

　人は，これまでに生きてきた文化，社会，家庭などの影響を受けて，「この場合は，こうすべきである」と考えるようになります。それは，環境に適応していくために，とても重要なことです。しかし，What should be「〜すべき」だけにとらわれてしまうと，いくら行動したとしても，問題解決の結果，楽な状態になることができなくなります。とくに自分にとって重要な人物の影響力は強く，自分のWhat I want「〜したい」なのか，誰かからそう思わされているWhat should be「〜すべき」なのか区別がつかなくなります。ここでも重要なのは，まずは「〜すべき」と思っていることで定義されている問題について，本当にクライアント自身が「したい」と思っているかを問い直してみることです。日常的な日本語では，主語を明確にしないことが多いため，「私が〜したい」と明確に表現することはあまり多くありません。問題解決療法の中ではあえて，「私」という主語を明確に使ってもらうことで，What should beだったものをWhat I wantとして捉え直すことができることがあります。
　筆者の研究グループのメンバーが，小児がんの母親を対象に問題解決療法を行っていたときに，クライアントとなった母親が設定した問題の主語が「子どもが〜あるべき」という設定をした場合が多かったという報告が

ありました。母親にとって子どもの問題を「～すべき」と捉えていたようです。このときのセラピストは，その母親に，自分を主語にして問題を設定し直すように介入し，自分自身を主語にした具体的な行動を導くことができたそうです。

7-5 過去の経験へのとらわれからの脱却

　私たちは，過去の経験を手がかりに行動します。とくに，「過去の栄光」「過去の成功」などの印象は心に強く残ります。これを励みに頑張って，何かを勝ち取り続けることができる場合もあれば，過去の経験にとらわれることで苦痛を感じることもあります。後者の場合，What is「現実」と What I want「過去に成功した自分」のギャップを感じ続けている状態といえます。これが長期に及ぶと，人は無力感を味わいます。そして，徐々に，「何をやってもダメなんだ，自分は何もできない」と自己効力感を低下させてしまうことがあります。とくに，病気やけがなどを抱えている場合は，このギャップを感じることが多いでしょう。

　誰もが，早く病気やけがを治して，「以前のように生活したい」「生活をもとに戻したい」と考えるでしょう。しかし，先述したように，過去にとらわれてしまうと，現状を苦痛に感じてしまうことがあるのです。問題解決療法では，このようなクライアントの病気やけがの経験を労りつつ，「今の自分に何ができるか，何をやらないほうがいいか」を考えてもらうことで，過去の経験からのとらわれから脱却した問題解決に取り組むことが可能となります。

7-6 「変わりたくない」というクライアントへの対応

　問題解決の最大の障害は，問題解決に対する「抵抗」です。表面的には現在，目の前にある問題を解決したいと表明していても，実際に解決しようとすると「でも今ではない」のように抵抗が起きることがよくあります。今楽なのをとるか，将来楽なのをとるのかの意思決定をしなければいけません。

　プロチャスカとヴェルサー（Prochaska & Velicer, 1997）が考案した汎理論モデル（trans-theoretical model）と呼ばれる理論があります。この理論は，300を越える心理療法の理論を統合して作られた行動変容のためのメタ理論であるといわれています。この理論においては，行動変容の過程を前熟考期，熟考期，準備期，実行期，維持期の5つのステージに分けて考えています。禁煙行動にあてはめると，禁煙することにまったく関心のない人は前熟考期，禁煙しなければいけないとわかっていて，その実行について考えている人は熟考期，禁煙外来のパンフレット等を探して禁煙の準備をしている人は準備期，禁煙を始めて6カ月以内の人は実行期，禁煙を6カ月以上続けている人は維持期にいるといえます（6カ月というのは1つの目安です）。この中で前熟考期にある人は，しばしば目標となる行動変容に対して強い抵抗を示すことがあります。たんに関心がないのではなく，変わりたくない強い理由があるときにそれを抵抗と呼ぶことができます。問題解決療法においても，問題を解決することに抵抗を示すクライアントはしばしば見られます。

　精神分析学においても，これと同じような現象として，心理的問題の解決のために治療者のもとを訪れたにもかかわらず，患者が自身の治療過程が進むことを無意識的に拒んでしまうこと表す抵抗（resistance）もしくは

治療抵抗と呼ばれる概念があります。このように，実際のセラピーの場面では，クライアント自身も気づいていない心理的な影響により，問題解決療法を進めていくうえで，とくに実際の行動を起こすことへの抵抗が起こることがあります。

◆ 抵抗とは？

選択した新しい解決策を行動に移すことのできない要因の1つに，「動かないこと」が利益をもたらしていることが考えられます。そもそも，今まで実行したことのない行動をやること自体が恐怖を伴い，おっくうなものです。実行しなければ，その恐怖やおっくうさを経験することを回避することができるので，今，使っている解決策が最善のものではないとわかっていても，わざわざ，余計なことをしたくないわけです。つまり，「実行しないこと」を維持させているのは，「変えることへの恐怖とおっくうさからの回避」といえるでしょう。

◆ 本当は解決したくない

解決策を実際の行動として行えないときの要因として，「本当は解決したくない理由」を抱えていることも考えられます。その「本当は解決したくない理由」を意識すらできていない人もいますし，意識はできているけれど，恥ずかしくて言えないものであったり，人から非難されるようなものであることがあります。たとえば，「体力をつけたい」と訴えているクライアントが，なかなか解決策を実行できないケースがあるとしましょう。その人の日常生活を観察してみると，朝はゆっくり起きる，犬の散歩は家族に任せる，買い物はネットスーパーを使う，人づき合いを避けるなどが見えてきました。この生活が習慣化しているなかで，体力をつけるための新しい行動を取り入れるのは至難の業です。なぜなら，先述したように，

変えることは恐怖やおっくうさを伴うからです。体力をつけるために，今から，早起きをして，犬の散歩に出かけ，ショッピングカートを引いて買い物をし，人づき合いをするより，体力がなくて多少しんどくても，解決してないでおいたほうが，楽なのかも知れません。このような場合は，まずは「行動しない」「解決策を実行しない」ことで，クライアントが何を得ているかの機能分析を行ってみることです。この例の場合は，家族からの支援が得られているため，あえて自分から行動することによってその支援が失われてしまうことを心配しているのかもしれません。

◆ 抵抗への対応

　このようなクライアントの抵抗への対応は，最終的にクライアント自身が「行動するか，しないかを決める」ようにすることです。解決策を実行すること，実行しないことのそれぞれの Pros（メリット）と Cons（デメリット）を書き出してもらい，比較してもらうことで行動するか，しないかの意思決定が促進されます。重要なのは，「行動しない」ことをしっかりと意思決定してもらうことです。それにより，「行動する」こと，「変化する」ことが日常生活において意識化され，しばらくして，みずから行動すると意思決定するようになることがあります。さらに踏み込んで「いつまでは行動しない」をあえて決めたもらうことで，みずからの変化に対する欲求に気づいてもらうことも可能です。

　また，自分自身が親しんだ解決策を新たな解決策に変えることに抵抗するクライアントへの対応では，セラピストは，「今までの方法を続けることで，本当に楽になるでしょうか？」という質問をすることができます。それによって，クライアントの行動に対する判断基準（参照点）を明確化することができます。クライアントの多くは，その判断基準が明確化されていないために，これまでの価値観で考えてしまうようです。

7章　問題解決療法の難しさ

7-7　セラピストが問題だと思うことをクライアントが問題だと認識していない

　問題解決療法のワークショップで最も多い質問が，「セラピストが問題だと思っていることをクライアントは問題と思っていないときにどうしたらいいでしょうか？」というものです。これは6章の「問題解決の階層性」で示したように，まずはセラピストの問題解決として，「クライアントが問題を認識していない」ことを問題として設定し，セラピストがクライアントに対して問題を認識してもらえるためにできる行動をブレーンストーミングによって考えていくというところからスタートします。また，6章の復職とがん患者の事例で説明したようにまずはクライアント自身が問題だと思うところから問題解決を始め，その結果のフィードバックのところでより本質的な問題にクライアントみずからが気づいていけるように支援していくことが最も重要です。場合によっては，クライアントがそれに気づくのにかなりの時間がかかることがありますが，クライアント自身が気づくことが重要なので，セラピストはしっかり時間をそこにかける必要があります。

7-8　どこで問題解決療法が受けられるか？

　問題解決療法を受けたいと言われている方から，どこで受けることができるかとしばしば問い合わせがあります。基本的に，認知行動療法を実践していることを明示している公認心理師，臨床心理士，精神科医などがいる医療機関，カウンセリング機関等であれば受けられることが多いです。

筆者らは，みどりトータル・ヘルス研究所[1]というカンセリングルームにおいて問題解決療法を用いたカウンセリングを必要な方に行っています。

---

[1]　http://www.midori-th.com

8章

問題解決療法の応用

ここでは問題解決療法を実際に適用した事例を紹介します。最初に大学院の授業において問題解決療法を学んだ大学院生が，実際に自分のライフスタイルを変容させた事例を紹介します。次に，前述の問題解決的コンサルティングを医療機関において行った事例を紹介し，「問題解決」をどのように行っていくのか，セラピストはクライアントにどのように関わっていくのかを具体的に示します。

8-1　ライフスタイル変容のための問題解決

　筆者の平井は，大阪大学の大学院生のリーダーシップ教育を行う，博士課程教育リーディングプログラム「超域イノベーション博士課程プログラム」において，「問題解決療法」を基盤とした授業「トランスファラブル・ワークショップ2」を担当していました。この授業は文学研究科から医学系研究科までさまざまな専門分野の大学院生が受講し，「問題解決」を共通のフレームワークとして学ぶことが目的となっていました。この授業の中で大学院生たちは，自分自身の問題解決を事例として問題解決療法のフレームワークの応用の仕方をワークショップ形式で学んでいきます。

　ここでは，この授業において実際に問題解決に取り組んだ大学院生の堀啓子さん（当時大阪大学大学院工学研究科に在籍）の事例を取り上げ，問題解決療法の日常生活上の問題解決への適用について紹介していきます。

　まず授業では，問題解決療法の理論を説明し，「問題（problems）」の定義をグループワークで考えてもらうところからワークショップが始まります。ここで，問題とは What I want と What is のギャップであるという定義を学んだあとに，それぞれの大学院生が自分の問題を定義し，それをグループで発表していきます。堀さんの第1週目の問題は，「時間に余裕を

もって移動できない」となり，それに対して以下のように問題の定義と分析が行われました。以下は，堀さんの授業レポートからの抜粋です。

第1週：問題の定義と分析

　私は日頃から，集合時間に遅刻したり，出足が遅れて大急ぎで移動したりすることが多く，このことが自分の問題であると感じていた。よって第1週目は，講義で学んだ問題定義の枠組みに従い，自身が理想とする状態（**What I want**）を「**余裕をもって遅刻せずに集合・移動できる状態**」，それに対する現在の状態（**What is**）を「**余裕をもって集合・移動できない状態**」と問題定義し，その解決を試みた。

　まず問題解決のための効果的な行動目標を設定するために，問題の分析を行った。他の受講生との議論から，朝早起きすることはできているのに家を早く出ることができていないこと，加えて，TA を行う授業のある日はぎりぎりであっても遅刻していないことから，集合時間に行く責任がある状況では遅刻をしていないとわかった。このことから，余裕をもって移動する・遅刻しないことの**優先順位が高ければそれを達成できるが，その優先順位が低いため**，他のことを優先してしまい**出足が遅れる**ことが問題であると考えられた。

このように問題の定義と分析が行われ，どのような条件で問題が起こるのかについても明確化されました。次に，このような問題の定義に基づいて問題解決が実行されました。

問題解決の実施

　以上の分析から，早く家を出ることの優先順位を上げるために，余裕をもって移動することの動機となる行動目標として，**遅刻せずに登**

校できたかを**1週間分記録して発表するというルール**を設定した。方法は，時間が記録として残りあとから評価できるよう，朝到着したら証拠写真を撮ってLINEで人に送るというものを選んだ。このルールを実施することを行動目標とし，第1週目の月曜日から金曜日の5日間継続した。設定したルールに従って行動した結果，5日間中自転車のパンクというアクシデントのなかった4日間は遅刻せずに到着できた。つまり，行動目標に従い自身の到着時間を記録し発表すると決めたことで，余裕をもって移動することの優先度が上がり，現状を改善できたのである。

　最初の週の問題解決での目標は「遅刻をしない」というものではなく，登校時の様子を記録し，発表するということでしたが，結果的にはアクシデントのない日はすべて遅刻をすることはなかったということです。

　この発表のときに筆者（平井）は，「遅れて始まる授業にも遅刻せずに行くことで，堀さんはそもそも何を得たいのか？」という質問をしたところ，堀さんは，「自分をだらしなく嫌に思う回数が減る」と答えました。これを受けて，筆者は，「きちんとした自分でありたいのに，だらしがないと定義されるものが本質的な問題なのではないか？」と考察し，さらに，「自分が満足できているときの自分はどんなときの自分なのかをモニタリングしてみては？」と伝えました。これを踏まえて，次の第2週と第3週では「きちんとした自分でありたい」として問題の再定義を行い，再び問題解決に取り組むことになりました。

第2週：問題の再定義

　第1週のフィードバックに基づき，問題の再定義を行った。新しい問題は，自身が理想とする状態（**What I want**）を「**自分が満足で**

きるくらいきちんとした**自分であること**」，それに対する現在の状態（**What is**）を「時間にルーズな点等，**自分で嫌になるほどだらしない部分がある状態**」と定義した。再定義した問題の解決に向け，自分がきちんとしている・偉いと感じた行動は何か，まただらしない・改善すべしと感じた行動は何かを明らかにするために，第2週目の7日間モニタリングを行った。

　モニタリングの結果（表8-1参照），自分をだらしないと感じる行動については朝と夜に集中していた。朝のおもな問題は，遅刻や，時間がなく化粧をせずに大学に行ってしまうことなどであった。モニタリングにより，私が朝行いたいタスクは，遅刻しないこと，持ち物を正しく持つこと，身だしなみを整えること，朝食をとること，化粧をすること等であるとわかった。しかしこれらをすべてこなす時間が朝に確保されていないため，優先順位の低い化粧や授業への時間通りの出席が達成できないことが問題であると考えられた。朝の時間が足りない理由は，単純に朝のタスクが多いことと，この行動にこのくらいの時間がかかるだろうという見積もりが甘く，必要な時間を確保できていないことが考えられた。

　また夜に関しては，洗い物がたまることや寝落ちなどが多かったが，これらの原因は，疲れが出る前の動ける時間帯に夜のタスクをこなせていないことであると考えられる。また夜のタスクをこなせなかった日の翌朝は，朝のタスクが余計に増えてしまい，遅刻してしまうなどだらしない行動をとってしまうことが多かった。つまり，**夜のタスクを完了してしまわなければ，翌日の朝も余裕をもって行動できない**という，だらしない負のスパイラルに，陥ってしまっていたのである。

　第2週に行ったモニタリングは，自分自身の行動を「きちんとして偉い

8章　問題解決療法の応用

表 8-1　きちんとして偉いと感じた行動とだらしなく改善したいと感じた行動

	きちんとして偉いと感じた行動	だらしなく改善したいと感じた行動
6月28日（土） 学会で金沢へ	・朝出発前にゴミ出しした ・家を早めに出たため1本早い電車に乗れた ・夜疲れていたがアカペラの音取りをした	・自転車を停めてはならないところに停めてしまった ・特急列車内で化粧をした ・シンポジウム中に若干自分の電源を切って休憩してしまった
6月29日（日） 学会2日目 金沢から戻りアカペラ練習	・早起きして音取りの続きをした ・朝の集合に間にあった	・朝食をかきこんでしまった ・特急列車内で人目を気にせず本格的に寝てしまった ・帰宅後寝落ちしてしまった
6月30日（月）	・やるべきことはすべてこなせた ・ゼミの集合には間に合った	・タスクがおして未来トークのレポート提出が夜中になった ・昼食をとる余裕がなかった ・無駄にFacebookを見た ・洗い物をすべてやりきることができなかった ・23時から2時半まで寝落ちした
7月1日（火） 片づけ日	・お弁当を作った ・洗い物をすべてやった ・隙間時間に片づけをした ・資源ごみを捨てた ・夜の待ち合わせには間に合い急がず行けた	・化粧をせず登校した ・間違えて水曜日のファイルを持ってきてしまった ・2限に5分遅刻した ・レジュメを印刷する時間がなかった ・研究室の同期の後輩に対する態度に憤りを覚えた ・夜お風呂に入る元気がなくすぐに寝てしまった

と感じた行動」と「だらしなく改善したいと感じた行動」に分けて評価を行い，さらにそれが朝のものなのか夜のものなのかを分けて構造的に整理されています。これにより，「夜のタスクを完了してしまわなければ，翌

表 8-1 の続き

	きちんとして偉いと感じた行動	だらしなく改善したいと感じた行動
7月2日（水） 片づけ日	・部屋の片づけをした ・洗い物をしてから寝た ・アカペラのグループに貢献し遠征の飛行機を予約した	・1限に5分遅刻した ・学校で化粧をした ・学科のイベントの打ち合わせに3分遅刻した ・図書館で借りた本を延滞した
7月3日（木）	・雨だったが余裕をもって移動しTAに間に合った ・弁当を作った	・予定していた片づけと掃除はできなかった ・洗い物を残して寝てしまった
7月4日（金）		・きちんとした弁当を用意できなかった ・1限に3分遅刻した ・自転車で爆走してしまった ・化粧をせずに登校した

日の朝も余裕をもって行動できない」という洞察を得ることができ，これに基づいて，第3週での具体的な行動目標を「きちんとした自分になるための解決方法」として設定し，再び問題解決に取り組んでいます。

第3週：きちんとした自分になるための解決方法

　この分析から，夜のタスクを夜のうちに完了して朝のタスクを減らすことと，朝のタスクに対する時間の見積もりをより正しく行うことが，自身のだらしない行動を抑制するために重要であるとわかった。よって第3週目の行動目標は，「**夜のタスクや翌朝の準備を，夜や夕方に帰宅してすぐ元気があるうちにやっておき，就寝前には翌朝準備にかかる時間の余裕をもった見積もりを書き出す**」というものを設定した。前日のうちに行えたことと翌朝の見積もり，さらに行動の結果を記録し，夜タスクを完了するという意識の有無で問題が解決に近づいたかを評価した。

　行動目標を実施した結果，朝晩のタスクを前もって行うことで，朝の時間に余裕ができ，自分のだらしなさを改善できたことへの満足感を得られた（表8-2参照）。とくに，夜早い時間にできる準備をしておくことは意外に楽しく，朝のタスクを減らすのみならず，「自分はきちんとできている」という意識や満足感を得ることに寄与した。この満足感は問題を本質から解決する良いサイクルにつながるため，自分の行動に対する自身の評価や満足感に焦点を当てた第2週からのアプローチは正しかったと考えられる。

　堀さんの問題解決の結果の評価では，それぞれの行動について見積もった時間とその結果が具体的に記載され，さらに自分自身の満足度が点数として評価されています。このように記録が具体化されることで，問題解決の成果がわかりやすくなり，さらに満足度を評価したことで，自己効力感の向上につながっていると思われます。

　以下は，この授業での堀さん自身の学びについての記述です。

表 8-2　行動の記録と結果

	前日完了したこと	朝の所要時間の見積もり	結果	自分への満足度
7月5日（土） ↓ 7月6日（日）	・洗濯物の仕込み ・着替えの準備 ・持ち物の準備	身支度：30分 朝食：20分 コーヒー：10分 荷物準備：5分	所要時間内に支度できた。髪型の変更等予想より時間のかかるものもあったが，多めに時間を見積もっていたため相殺できた	あり
7月6日（日） ↓ 7月7日（月）	・洗い物 ・着替えの準備 ・翌日の献立決め	身支度：30分 コーヒー：5分 朝食：30分 弁当作り：30分	出発時間が遅くてよくなったこともあるが，髪のセットをやり直したにもかかわらずスムーズに準備ができた	あり
7月7日（月） ↓ 7月8日（火）	・洗い物 ・着替えの準備 ・持ち物の準備	身支度：30分 朝食：40分 弁当作り：30分	思ったよりキャベツを切るのに時間がかかり，登校は間に合ったが十分余裕をもって家を出られなかった。持ち物の準備時間を見積もっていなかったことと弁当作りの見積もりが甘かったことが原因	50%
7月8日（火） ↓ 7月9日（水）	・洗い物 ・着替えの準備 ・持ち物の準備 ・翌日の献立決め	身支度：30分 コーヒー：5分 荷物の準備：5分 朝食：40分 弁当作り：30分	若干予定になかったことをして所要時間よりは準備に時間がかかったが，余裕をもって出発時間を設定していたため十分早めに家を出られた	あり

8 章　問題解決療法の応用

表 8-2 の続き

	前日完了したこと	朝の所要時間の見積もり	結果	自分への満足度
7月9日（水）↓7月10日（木）	・着替えの準備 ・持ち物の準備 （帰宅が明朝になったため洗い物や食事作りはあきらめた）	身支度：25分 コーヒー：5分 荷物の準備：5分	雨であったため荷物の準備に予想より時間がかかり，出発時間はおしてしまったが，少し急いだため TA をする授業の開始には間に合った	60%
7月10日（木）↓7月11日（金）	・着替えの準備 ・ある程度の持ち物準備	身支度：20分 コーヒー：5分 荷物の準備：10分	身支度等に若干時間がかかったが，レポートの仕上げを登校してからやる必要があったこともあり，早めに家を出て余裕をもって到着できた。	80%

授業からの学び

　本授業では，学生自身が問題の当事者としてその解決にあたる経験をすることで，実際に問題解決に立ち入る際に必要となる発想や視点を養うという，非常に斬新なものであった。今回の問題解決を通して，**問題をメタな視点で定義することの重要性**と，**自分が問題の当事者になったときにその視点をいかに失いやすいか**を学ぶことができた。その学びは，理想に対する自分の現状を改善できたことと，その理由に対する考察から来るものである。

　私が本質的な問題解決に至るのに重要であったのは，第 1 週目に定義した問題に対する「そもそもなぜ遅刻したくないのか」という問いから，問題を再定義し直した点であった。この**「そもそも」を問い直す**ことが，つまりよりメタ的な視点で自分の問題を捉えることであり，

問題を本質から解決するためにその視点がいかに重要であるかを強く認識できた。加えて，平井先生の「そもそも」を再考する問いは，普段私が自身の専門である環境問題を考えるときに「そもそもなぜ豊かになりたいのか」など，頻繁に自分の中に突き上がってくる類のものであったにもかかわらず，今回の課題ではその視点をもてていなかったことに気づいた。私は他の学生や学者が，そういった「そもそもなぜ……」という問いを発することなく持続可能性等について議論することをもどかしく思うことすらあるが，その自分が，自身の問題についてはその問い方を忘れていたのである。このことに気づいたことで私は，問題の当事者となることで問題を認識するメタ的な視点をいかに失いやすいか，問題に当事者として関わるか解決者として関わるかで問題の見え方がいかに異なるかを学んだのである。

　ここからいえることは問題解決において，当事者であるかそうでないかによって視点が異なるということです。しばしば，問題解決療法を実践するセラピストから，セラピストから見たら問題であることが，クライアントが問題だとは捉えておらず，その場合どのように対応して良いのかわからないというような質問をいただきます（7章7-7節参照）。まずは，クライアントに自分自身の問題解決の過程を書き出してもらうというところから問題解決療法を始めることで，クライアントは自分自身の問題解決をメタ的な視点から見ることができるようになります。また，途中に筆者（平井）が行った「あなたはそもそも何を得たいのか？」というような問いは，このメタ視点をクライアントに与えるきっかけになったものだと思います。セラピストはこのようにクライアントに対して，常に別の視点を与え，さまざまな角度から自身の問題解決について見られるようにすることが最も重要な役割であると思います。

8-2　問題解決的コンサルティング

　筆者の平井は，ある中規模急性期病院の緩和ケアチーム・緩和ケア病棟に公認心理師として所属し，月に2回，緩和ケアチームへ依頼のあった院内の一般病棟スタッフ，緩和ケア病棟のスタッフに対して心理コンサルテーション業務を行っています。その際にも基本的には，「問題解決療法」の考え方を応用し，依頼のあった事例に対して効果的なコンサルテーションを行うことにしています。

　ここでの心理コンサルテーションとは，直接，患者・家族に心理支援を提供するのではなく，患者・家族の対応をする医師や看護師，他のコメディカルスタッフをクライアント，あるいはコンサルティ（相談者）として対応にあたることをいいます。まず，コンサルティからの依頼に対して，コンサルティが何に困っているか，何を問題と考えているかをアセスメントし，事例に関する情報収集，そして心理学や認知行動理論の知識に基づく仮説構築を行い，その仮説をコンサルティに対してプレゼンテーションを行います（平井，2016）。比較的多い依頼内容としては，怒っている患者・家族への対応方法，治療方法，療養場所の意思決定支援，予後告知をどうすべきか，頻度の高いナースコールへの対応などです。仮説のプレゼンテーションに対して，コンサルティからのフィードバックをもらい，それをもとに仮説を修正したのち，事例に対する解決策の提示を行います。その後，カンファレンスで話し合い，どの解決策を採用するかの意思決定を行い，実際の解決策の実行（介入）と結果の評価を行います。問題解決がなされなかった場合は，再び仮説を修正するという一連のサイクルをまわすもので，本書で説明している「問題解決」のプロセスに準拠したものであるため，問題解決的コンサルティングと呼んでいます（図8-1）。

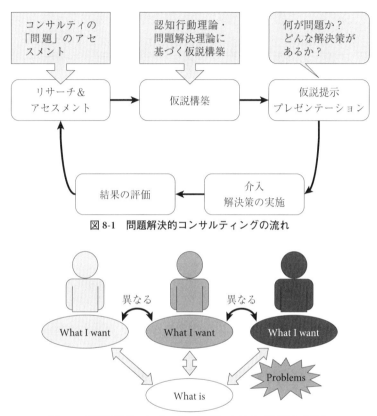

図 8-1　問題解決的コンサルティングの流れ

図 8-2　問題解決的コンサルティングにおける「問題の定義」

　問題解決的コンサルティングにおいて最も重要な作業は，通常の個人に対する問題解決療法と同じように問題の定式化，すなわち What is「現実」と What I want「～したい」のギャップを発見することです。しかしながら，コンサルテーションにおいては事例を構成する関係者が複数いたり，コンサルティ自身も事例に含めて定式化したりする必要があり，図 8-2 に示すような拡張された問題の定式化を用いることになります。

8 章　問題解決療法の応用

この図にあわせて，事例を構成する関係者それぞれの What I want「〜したい」に関する情報収集を可能な範囲で行い，事実としての現状とどのようなギャップが生じているのかを登場人物ごとに検討し，事例を問題として定義します。問題解決的コンサルティングにおいてとくに難しいのは，コンサルタントにとっては利用可能な情報が，間接的なものとなるため，通常のカウンセリングよりも情報の精度が下がることです。そのため，問題解決的コンサルティングにおける問題の定式化は，あくまでも「仮説」であるとしてコンサルティに提示し，新たな情報が手に入ったり，状況が変化したりした場合は柔軟に改変していくことが求められます。

　事例の問題の定義に関する仮説がある程度，固定したものになったら，それに基づいて通常の問題解決療法と同じようにブレーンストーミングにより解決策を創出し，Pros/Cons 分析により実際に実施すべき解決策の意思決定を行います。解決策の実施はコンサルティが行うことになるため，コンサルティを交えてブレーンストーミングを行ったり，意思決定を行ったりすることが解決策を実行する際のコンサルティのコミットメントを高めるために重要となります。コンサルティが解決策を実行した後は，可能な限り，一緒に結果の評価（レビュー）を行い，解決策の妥当性やさらに問題の定式化の妥当性についてアセスメントし，必要に応じて問題の定式化をやり直したり，別の解決策を試したりします。心理コンサルテーションの場合には，一度で事例の問題をすべて解決するのは困難である場合が多く，このサイクルを何周もコンサルティと一緒にまわすことになります。

　この問題解決的心理コンサルテーションは，ビジネスの世界で行われている問題解決的な経営コンサルテーションとほとんど同じ流れになっていると考えています。最終的にはコンサルティの意思決定そして行動をサポートするのかコンサルタントのミッションになります。

◆ 事例：がん患者の家族が怒っている

　緩和ケアにおける問題解決的コンサルティングにおいて，最も依頼の多い事例は，患者や家族の「怒り」に対する対応に関するものです。がん患者やその家族がおかれた状況はとても厳しいものであり，とくに患者の疾患が治癒不可能でさらに余命が残り少なくなってしまった場合，この状況に対する心理的反応（感情）は，自然な反応ではありますが，とても強いものになります。その代表的なものが「怒り」の感情です。この場合，「病院に入院して治療を受けているのだから患者は元気にならなければならない」という What should be「〜すべき」に対して，「患者のがんに効果的な治療法がない」「患者に苦痛がある」という What is「現実」があり，そのとても大きなギャップがその感情の源泉となります。このような状況では，しばしばその「怒り」の感情は，対応する医療スタッフに向けられます。当然ながらその「怒り」の対象にたまたまなってしまったスタッフはおおいに困惑し，ひどいときには，スタッフ自身のトラウマ体験となることもあります。

　以下は，緩和ケア病棟で心理コンサルテーションを依頼された事例です。あるがん患者の A さんは，一般病棟に入院されていましたが，全身状態が悪くなってきたため，緩和ケア病棟に転棟となりました。A さんには妻である B さんが付き添っておられました。A さんは自分自身が終末期であることを理解されており，自分自身で緩和ケア病棟を希望されて転棟されてきました。一方で，「できるだけ妻に心配をかけたくない」という What I want「〜したい」もあり，あまりご自身の状態が悪いことを医療者から妻に話してほしくなさそうでした。妻である B さんは，「治療してほしい」「できるだけのことをやったと思いたい」という強い気持ち（What I want「〜したい」）があり，緩和ケア病棟にいること（What is「現実」）自体を受け入れられないようでした。そのため，緩和ケア病棟のスタッフの

8章　問題解決療法の応用

ちょっとした対応についても怒りを向けてくることがあり，スタッフもB
さんへの対応に困難を感じていました。病棟のスタッフは，「Aさんのた
めにできることをしたい」や「Bさんからの訴えになんとか対応したい」
という What I want「〜したい」をもっており，さらに「看取りになった
ときのBさんの反応が心配だ」と強く感じていました。さらにAさんには，
娘のCさんもいました。Cさんは，「母への厳しい状況の説明は控えてほ
しい」と思っており，さらに「Bさんと医療者の間に入りたくない」とも
思っているようでした。

　そこで，この事例についての病棟カンファレンスを行い，前述のとお
り，それぞれの What I want「〜したい」がどのようなものであるかを整
理しました。この中でもBさんの怒りの感情が，「治療を続けてほしい」
という What I want「〜したい」と「緩和ケア病棟では基本的には治療を
行わない」という What is「現実」との差から起因するものであることと，
さらにBさんのパーソナリティ（「人となり」という言葉で説明します）が，
もともとストレス状況では怒りという表現を用いるタイプの人である可能
性が高く，心配するといろいろなことを言ってくるタイプなのではないか，
こういう状況においては怒りの感情が全面に出てくるのは自然なことであ
るということをコンサルタントである筆者（平井）は，スタッフに対して
説明しました（図8-3）。

　これに基づいて，スタッフの行うべき解決策としては，Bさんの怒りは
Bさんらしいコミュニケーションスタイルとして受け止める，すなわち一
言で言えば「腹をくくり」冷静に受け止める一方で，医師・看護師からい
つでも説明，的確な返答ができるようにしておく，面会時には，日々の
体調について伝える，症状コントロールに努めるといった地道なケアを
Bさんの怒りへの対応とは別に継続して行うことを解決策として決定して，
実行してもらうことになりました。

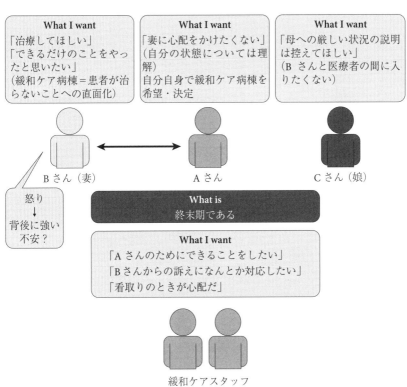

What I want
「治療してほしい」
「できるだけのことをやったと思いたい」
(緩和ケア病棟＝患者が治らないことへの直面化)

What I want
「妻に心配をかけたくない」
(自分の状態については理解)
自分自身で緩和ケア病棟を希望・決定

What I want
「母への厳しい状況の説明は控えてほしい」
(B さんと医療者の間に入りたくない)

B さん（妻）　　　A さん　　　C さん（娘）

怒り
↓
背後に強い
不安？

What is
終末期である

What I want
「A さんのためにできることをしたい」
「B さんからの訴えになんとか対応したい」
「看取りのときが心配だ」

緩和ケアスタッフ

図 8-3　がん患者の家族の怒りの「問題の定式化」

　病棟のスタッフが腹をくくり，地道なケアを続けていった結果，A さんの看取りになったときには，B さんはとくに問題となる感情反応や行動は見られず，A さんが永眠されて退院されるときには，スタッフに対して，「とても良くしてくれてありがとうございました」と感謝の言葉を残していかれたそうです。この事例を経験したあとの病棟のデスカンファレンス（緩和ケア病棟では看取り経験についてスタッフ間でレビューを行っており，それをデスカンファレンスと呼びます）において，図 8-4 を用いて，こ

8 章　問題解決療法の応用

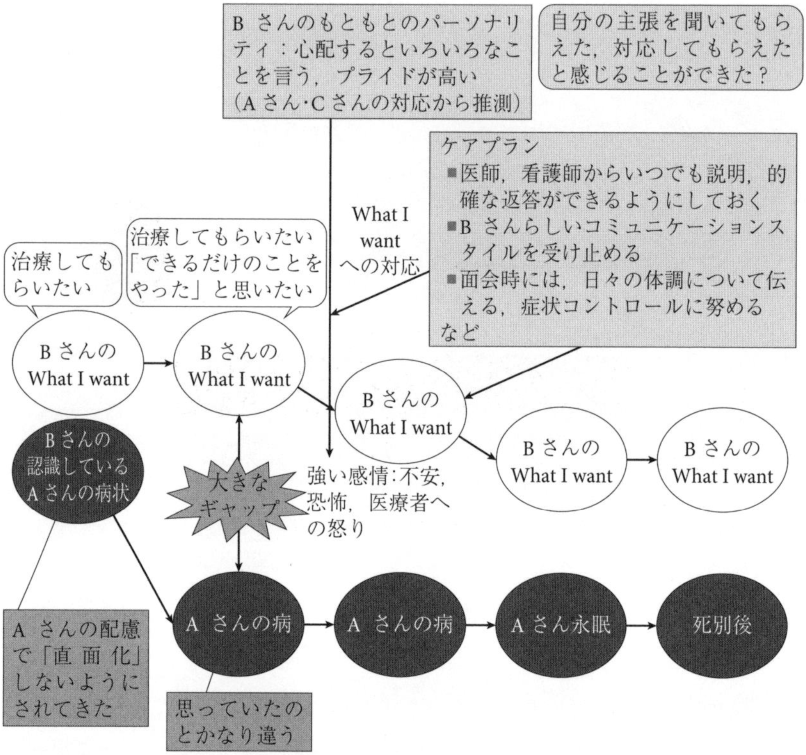

B さんのもともとのパーソナリティ：心配するといろいろなことを言う，プライドが高い（A さん・C さんの対応から推測）

自分の主張を聞いてもらえた，対応してもらえたと感じることができた？

ケアプラン
■医師，看護師からいつでも説明，的確な返答ができるようにしておく
■B さんらしいコミュニケーションスタイルを受け止める
■面会時には，日々の体調について伝える，症状コントロールに努めるなど

What I want への対応

治療してもらいたい

治療してもらいたい「できるだけのことをやった」と思いたい

B さんの
What I want

B さんの
What I want

B さんの
What I want

B さんの
What I want

B さんの
What I want

B さんの認識しているA さんの病状

大きなギャップ

強い感情：不安，恐怖，医療者への怒り

A さんの配慮で「直面化」しないようにされてきた

A さんの病

A さんの病

A さん永眠

死別後

思っていたのとかなり違う

図 8-4　がん患者の家族の感情の変化に関する問題の定義

の事例で起こったことと B さんの感情の変化についての問題の定義を示しました。この振り返りによって，スタッフも自分たちのケアを振り返ることで気持ちを整理し，次に同じような事例を経験したときにそれに対応できるようになり，さらに自分たちのストレス・マネジメントにもつながったようです（図8-4）。

◆ 問題解決的コンサルティング

　5つのステップからなる問題解決プロセスのコンサルテーション，コンサルティングに適用する方法について，事例を通して見てきました。問題解決療法は，心理療法としてクライアントに直接問題解決を行ってもらうのを支援するものであるのに対して，問題解決的コンサルティングは，コンサルティであるクライアントに対してセラピストではなくコンサルタントとして関わり，コンサルティの先にある患者やクライアントの問題解決を間接的に支援するものです。6章6-3節に記載した問題解決の階層性にあてはめると，コンサルタントから見ると三重の問題解決の階層（コンサルタントの問題解決−コンサルティの問題解決−患者の問題解決）があります。コンサルタントは，まずは自身の問題解決を定式化し，その中でコンサルティの問題解決を取り上げ，さらにコンサルティに患者の問題解決について考えてもらうようにします。したがって，問題解決的コンサルティングにおいてコンサルタントは，複雑な階層構造のどの部分を扱っているかについて常に注意しておく必要があります。

　また，事例で示したように，コンサルティの抱える事例に複数の人が関係しており，それぞれの What I want「〜したい」が異なることも多いです。図8-2のように問題の定義の全体像を可視化し，整理をすることが重要です。病棟カンファレンスでも図を書きながら，参加したスタッフから情報を集めたり，登場人物それぞれの What I want「〜したい」のアセスメントを行い，問題解決に関する仮説を作っていくことが最も効果的です。また問題解決キャンバスを用いて解決策の可視化を行うことも可能です。

　このような問題解決的コンサルティングの手法を身につけることは，問題解決療法を心理療法という単一の対人関係を扱うものから，より複雑な対人関係を扱えるようにその適用の幅を大きく広げることになります。

8-3　新たな社会的価値創造のための問題解決療法

　問題解決療法を応用し，がんにかかり，寛解した人たちであるがんサバイバーの経験と視点を現状（What is）として，それに対して「そうありたい自分たち」（What we want）を具体的に考えることで，当事者だからこその視点で，社会的課題に対する新たな価値創造を目指すためのプロジェクト「ダカラコソクリエイト」をがんサバイバー有志と筆者（平井）とで行っています。このプロジェクトでは，問題解決療法に加えてデザイン思考（スタンフォード大学ハッソ・プラットナー・デザイン研究所，2012）と呼ばれる思考法を取り入れて，「survivor（サバイバー）× creative（創造力）× issue（社会の課題）」というコンセプトのワークショップの中で，がんサバイバーが自身の経験から課題を定義し，製品やコンセプト提案など解決策の立案と実施まで行っていくことを目的としています（平井，2017）。

　16名が参加した複数回のワークショップの中で，仕事，恋愛，結婚，子ども，自身の命などのみずからの価値を見失う経験，失ったもの，あきらめなければならなかったものなどのがんサバイバーの経験を共有することで，問題・課題の定義と構造化を行い，取り扱うべきテーマを絞っていきました。その結果，6つのプロジェクトが創出され，それぞれのプロジェクトにおいて，具体的な解決策としての企画や製品のプロトタイプが作成されました。

　そのプロジェクトの1つは，サバイバーの経験をもとにした LINE スタンプの開発です。問題解決キャンバスを用いて，サバイバーが闘病中に，傷つく言葉や態度によってイライラしたり，孤独感，コミュニケーションの阻害感を感じたりした経験（What is）に対して，「周囲とストレスなくコミュニケーションをとりたい」（What we want）を問題として設定し，ズ

【原文】「修羅場くぐってますからぁ！」（凄いね！などの返しとして）
【エピソード，思い】
　がんになってからも人生は続く。病気とはずっと向かい合っていかなきゃいけないけど，病気に人生を囚われていてはもったいない。もがいて苦しんで，やっと自分の生き方が何となくつかめたときに大きく成長している気がします。それが病気になったばかりの人をはじめ，悩んでいる人へのアドバイスとして心を動かすことに気づきました。

図 8-5　LINE スタンプの例

レの生じているコミュニケーション場面で利用できる LINE スタンプを開発し，広く活用してもらうことを目標として設定しました。実際の解決策となったスタンプの開発は，参加者の経験を共有するなかでコミュニケーション場面における感情のカテゴリー化，イラストレーターを含めたディスカッションを行い，カテゴリーごとに場面と表情の絵を完成させることで，最終的にメッセージを含む 48 個のスタンプ（図 8-5）を開発し，LINE STORE にてリリースされています[1]。

　最近では，めでぃかるガチャガチャ3DP[2] という 3D プリンターで作成した医療機器を模した玩具を開発しています。これは，がんサバイバーが闘病中にお世話になった医療機器についてそれぞれのエピソードの説明を加

[1]　https://dakarakosocreate.com/nyasukeandpajiro

[2]　https://dakarakosocreate.com/medigacha/

8 章　問題解決療法の応用

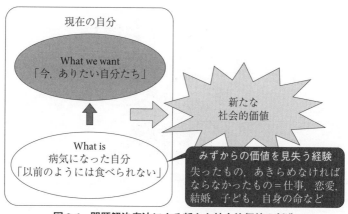

図 8-6　問題解決療法による新たな社会的価値の創造

えて，ガチャガチャのカプセルに入れ，小児がん患者の支援を行うチャリティーイベントで販売しています。

　このプロジェクトに参加したサバイバー16名を対象とした質問紙調査の結果，「とても満足している」と回答したのが67％，「満足している」と回答した人が23％と，高い満足度が示されています。また参加したことで自分自身の変化があったと回答していました（平井，2017）。

　このプロジェクトでは，問題解決療法をワークショップという形態で行うことで，参加者全員がそれぞれ異なる自身の経験を持ち寄り，それをがんサバイバーの What is「現実」として構造化し，それに対して，自分たちがどうありたいかを考えながら問題を定義し，それに対して具体的な解決策としてプロダクトを作っていきました（図8-6）。このように，問題解決療法は，心理療法として1人のクライアントを支援する方法のみならず，新たな社会的価値を想像する際のフレームワークの1つとして用いることができます。今後さまざまな分野において，問題解決療法をこのように活用することができるのではないかと思います。

あとがき

　本書は，これまでの「問題解決療法」に関する筆者らの仕事についてまとめたものです。

　筆者（平井）は，1998年頃からがん患者の心理的問題とその支援方法について研究を行ってきたなかで，さまざまな心理療法や心理学的介入方法についてその適用の可能性を検討してきました。その中で，がん患者が抱える具体的な「問題」を扱うことができる方法として「問題解決療法」が良いのではないかということになりました。ちょうどその頃参加した日本心理学会で，本岡さんの「心配」と問題解決療法に関する研究を見つけ，そこで協力をお願いして共同研究をすることになりました。

　共同研究が始まる頃，筆者（本岡）は，総合病院神経精神科の心理士として勤務し，慢性的な心配を主症状とする全般性不安障害の患者について研究をしていました。「なぜ，生活に支障が出るほど次から次へと心配事が頭の中を占領した状態が続いてしまうのか」という問いに対して，問題解決療法の5つのステップに沿って心配傾向の高い人のデータを集め特徴を分析したところ，心配傾向の高い人は，問題として将来起こるかもしれない脅威に対してさまざまな解決策を考え続けて，具体的な解決策を実行できない状態であることがわかりました。つまり，対処可能な現実的な問題解決ができていない状態といえます。そして，問題解決療法を用いて現実的な対処可能な問題に目を向けて解決を行うことが慢性的な心配の緩和に役立つことがわかりました。また，うつ病や適応障害により休職している方への復職支援プログラムとして，医療機関やEAP（従業員支援プログ

ラム）施設においてグループ問題解決療法の効果検証の研究を進めていました。

　その後，「がん患者に対するリエゾン的介入や認知行動療法的アプローチ等の精神医学的介入の有効性に関する研究班」（明智班）が立ち上がり，その中で私たちは，分担研究として，日本のがん患者に合うプログラムの開発と有効性の検証を行うことになりました。

　当初は，プログラム化にあたり，医師，看護師，心理士，心理学者などさまざまなバックグラウンドの研究班のメンバーが集まり，患者会の方に協力してもらいロールプレイを何回も行いました。その中でそれぞれの問題解決療法の理論の捉え方の違いがあり，なかなかうまくプログラムができないという経験をしました。最も難しかったのは「問題の定義」の部分です。当初は，セラピストとクライアントが「問題の定義」をきっちりと行ってから，「目標設定」に移っていこうとしていたのですが，「問題の定義」を完了させようとすると時間がまったく足りず，それ自体が1つの心理療法のようになってしまいました。こうなると，完全にセラピストの力量に依存することになってしまい，複数のセラピストが同じ内容を提供できるようなプログラム化が難しくなりました。ここから試行錯誤を繰り返すことになりました。まずは，北海道の坂野雄二先生のところで合宿をし，実際に坂野先生にロールプレイを見せてもらったりするなかで，なんとかプログラムとして構造化し，2010年に研究班名義で「がん患者に対する問題解決療法実施マニュアル」としてまとめ，ウェブサイトで公開しました。

　その後，このマニュアルをもとにしたセラピスト向けのワークショップを開催するなかで，参加者の方からフィードバックをもらい，何回もワークシートの改定を行いました。このような試行錯誤の結果，本書で示したような「とりあえずスタートし，何回か問題解決をまわしながら徐々に問

題解決の定式化を行っていく」というスタイルになりました。これまで出版されている問題解決療法や認知行動療法の解説は，プログラムの構造化に主眼がおかれているため，問題の定義，目標設定，解決策の創出，意思決定，実行と評価の順番に行っていくとされているものがほとんどです。しかし，実際の応用場面では，この順番どおりにいかないことが多く，問題解決療法の実践性を高めるためには，その本質や構造を保ったままいかにフレキシブルに運用できるようにするかが重要です。本書を執筆するにあたり最も苦労したのは，このフレキシブルに問題解決療法を運用できるようにする部分です。読者の方々には，この部分がなんとか伝わればと考えています。

　また本書では，個人ならびにグループを対象とした心理療法としての「問題解決療法」という位置づけを中心にしつつ，それを心理コンサルテーションなどより広い構造で活用できるようにするための解説を行っています。これは筆者（平井）自身が，問題解決療法を身につけるにつれ，その応用可能性の広さを実感し，さまざまな実務に用いてきた経験を基盤としています。実際に，大学経営の仕事において，問題解決キャンバスをそのまま用いた会議資料を作成したこともあります。心理学の知識と技法は，心理療法という枠の中だけではなく，その枠の外でも応用可能であり，とくに問題解決療法は普遍性が高いということも理解してもらえればと考えています。

　なお，本書で紹介した，問題解決療法ワークショップを定期的に開催しています。予定などの詳細については本プロジェクトのウェブサイトに掲載しています。[1]

---

[1]　http://pst.grappo.jp/

謝辞

　本書を執筆するにあたり以下の方々に謝意を申し上げたいと思います。

松向寺真彩子，金井菜穂子，吉崎亜里香，伊藤直，和田奈緒子，岡田紫
　哺
塩崎麻里子，尾形明子，五十嵐友里，小林清香，田村夏子，橋本ゆかり
長見まき子，猪澤歩，森岡久直，堀田美保，大対香奈子，直井愛里
明智龍男，坂野雄二

　2019 年 12 月

平 井 　啓

本 岡 寛 子

引　用　文　献

Akechi, T., Hirai, K., Motooka, H., Shiozaki, M., Chen, J., Momino, K., Okuyama, T., & Furukawa, T. A. (2008). Problem-solving therapy for psychological distress in Japanese cancer patients: Preliminary clinical experience from psychiatric consultations. *Japanese Journal of Clinical Oncology*, **38**(12), 867-870.

安西祐一郎 (1985). 『問題解決の心理学 —— 人間の時代への発想』 中央公論社

Cuijpers, P., van Straten, A., Andersson, G., & van Oppen, P. (2008). Psychotherapy for depression in adults: A meta-analysis of comparative outcome studies. *Journal of Consulting and Clinical Psychology*, **76**(6), 909-922.

D'Zurilla, T. J. (1986). *Problem-solving therapy: A social competence approach to clinical intervention*. New York: Springer.（丸山晋監訳，中田洋二郎・椎谷淳二・杉山圭子訳，1995 『問題解決療法 —— 臨床的介入への社会的コンピテンス・アプローチ』 金剛出版）

D'Zurilla, T. J., & Goldfried, M. R. (1971). Problem solving and behavior modification. *Journal of Abnormal Psychology*, **78**(1), 107-126.

D'Zurilla, T. J., & Nezu, A. M. (1980). A study of the generation-of-alternatives process in social problem solving. *Cognitive Therapy and Research*, **4**, 67-72.

D'Zurilla, T. J., & Nezu, A. M. (1999). *Problem-solving therapy: A social competence approach to clinical intervention* (2nd ed.). New York: Springer.

がん患者に対するリエゾン的介入や認知行動療法的アプローチ等の精神医学的介入の有効性に関する研究班 (2010). 『がん患者に対する問題解決療法実施マニュアル』 http://pst.grappo.jp/pro/report.html

平井啓 (2014). 「がん患者に対する問題解決療法アプローチの適用」『行動医学

　研究』**20**(1), 7-11.

平井啓 (2016). 「精神・心理的コンサルテーション活動の構造と機能」『総合病院精神医学』**28**(4), 310-317.

平井啓 (2017).「問題解決療法とその応用 —— 精神・心理的コンサルテーション・がんサバイバーの社会的価値創造へ」『認知療法研究』**10**(2), 114-116.

Hirai, H., Motooka, H., Ito, N., Wada, N., Yoshizaki, A., Shiozaki, M., Momino, K., Okuyama, T., & Akechi, T. (2012). Problem-solving therapy for psychological distress in Japanese early-stage breast cancer patients. *Japanese Journal of Clinical Oncology*, **42**(12), 1168-1174.

池田新介 (2012).『自滅する選択 —— 先延ばしで後悔しないための新しい経済学』東洋経済新報社

猪澤歩・森岡久直・本岡寛子 (2013).「医療機関における復職支援としての問題解決療法について」『精神医学』**55**(5), 473-481.

伊藤大輔・渡邊明寿香・竹市咲乃・石原綾子・山本和儀 (2018).「職場復帰支援の再考 —— 職場に焦点化した集団認知行動療法プログラムの試み」『心身医学』**58**(4), 334-338.

本岡寛子 (2010).「大学生を対象とした集団問題解決療法プログラムの作成の試み」『総合福祉科学研究』創刊号, 57-64.

本岡寛子 (2012).「うつ病に対する問題解決療法」『臨床精神薬理』**15**(12), 1905-1913.

本岡寛子・長見まき子・藤原和美 (2011).「復職支援プログラム参加者を対象とした集団問題解決療法の有用性 —— 問題解決に伴う社会的問題解決能力と情緒状態の変化」『関西福祉科学大学 EAP 研究所紀要』**5**, 17-26.

本岡寛子・直井愛里・大対香奈子・堀田美保 (2017).「問題解決療法プログラムによって形成された対人的問題解決における意識 —— 大学生を対象とした「コミュニケーション心理学実習」における試み」『近畿大学心理臨床・教育相談センター紀要』**2**, 15-24.

本岡寛子・三戸秀樹・長見まき子・藤原和美 (2010). 「復職支援プログラム参加者への集団認知行動療法の適応」『関西福祉科学大学 EAP 研究所紀要』**4**, 21-30.

Mynors-Wallis L. (2005). *Problem-solving treatment for anxiety and depression: A practical guide.* Oxford: Oxford University Press.（明智龍男・平井啓・本岡寛子監訳，2009『不安と抑うつに対する問題解決療法』金剛出版）

大竹文雄・平井啓編 (2018). 『医療現場の行動経済学 —— すれ違う医者と患者』東洋経済新報社

Osborn, A. (1948). *Your creative power: How to use imagination.* New York: Charles Scribner's Sons.（豊田晃訳，2008『創造力を生かす —— アイディアを得る 38 の方法』創元社）

Prochaska, J. O., & Velicer. W. F. (1997). The transtheoretical model of health behavior change. *American Journal of Health Promotion*, **12**(1), 38-48.

坂野雄二監修，鈴木伸一・神村栄一 (2005). 『実践家のための認知行動療法テクニックガイド —— 行動変容と認知変容のためのキーポイント』北大路書房

塩﨑麻里子・酒見惇子・佐藤貴之・江口英利・種村匡弘・北川透・伊藤壽記・平井啓 (2015).「問題解決プロセスを応用した膵臓がん患者の心理社会的問題と対処法リストの作成 —— 外来において化学療法加療中の膵臓がん患者を対象として」*Palliative Care Research*, **10**(3), 186-193.

スタンフォード大学ハッソ・プラットナー・デザイン研究所 (2012). 『スタンフォード・デザイン・ガイド デザイン思考 5 つのステップ』一般社団法人デザイン思考研究所 https://designthinking.eireneuniversity.org/swfu/d/5steps.pdf

引用文献

付　録

ワークシート

付録として，SOLVE プロジェクトで活用している問題解決キャンバス（Ver 2.0）を掲載しています。拡大コピー等をしてご活用ください。また，繰り返し使用していただけるようウェブサイト[1]からワークシートをダウンロードしていただけますので，ご活用ください。

---

[1]　http://pst.grappo.jp/

〈SOLVE〉問題解決キャンバス Ver 2.0

Specific, Mesaurable, Achievable, Relevant, Timed

SMART プラン：SP（Risk assessment: Base? Upside? Backup?）＜SMART ゴール

最初に感じた問題：Problems	状態目標：Strategic goal＜smARt	行動目標：Behavior goals＜Brain storming
どうしたいか？：What I want		
どうあるべきか？：What should be	リスクと条件：Risk	行動計画：Behavior plan＜SMarT
現在の状態：What is		
アウトカム（When, Where, What, with Whom, and How?）：Outcomes		
良い影響：Positive consequences	悪い影響：Negative consequences	

索引

著　者

平井　啓（ひらいけい）
　1997年，大阪大学大学院人間科学研究科博士後期課程退学。博士（人間科学）。大阪大学大学院人間科学研究科准教授。
　主要著作に，『医療現場の行動経済学』（東洋経済新報社，2018年，共編），「問題解決療法とその応用 —— 精神・心理的コンサルテーション・がんサバイバーの社会的価値創造へ」（『認知療法研究』10(2), 114-116, 2017年），「精神・心理的コンサルテーション活動の構造と機能」（『総合病院精神医学』28(4), 310-317, 2016年），Tailored message interventions versus typical messages for increasing participation in colorectal cancer screening among a non-adherent population: A randomized controlled trial.（*BMC Public Health*, **16**, 431, 2016年，共著），Problem-solving therapy for psychological distress in Japanese early-stage breast cancer patients.（*Japanese Journal of Clinical Oncology*, **42**(12), 1168-1174, 2012年，共著）など。

本岡寛子（もとおかひろこ）
　2004年，関西学院大学大学院文学研究科博士課程後期課程心理学専攻退学。博士（心理学）。近畿大学総合社会学部准教授。
　主要著作に，『働く人たちのメンタルヘルス対策と実務』（ナカニシヤ出版，2016年，共編），「問題解決療法プログラムによって形成された対人的問題解決における意識 —— 大学生を対象とした「コミュニケーション心理学実習」における試み」（『近畿大学心理臨床・教育相談センター紀要』2, 15-24, 2017年，共著），『なるほど！心理学面接法』（北大路書房，2018年，分担執筆）など。

ワークシートで学ぶ 問題解決療法
—— 認知行動療法を実践的に活用したい人へ 実践のコツを教えます

2020 年 3 月 20 日　第 1 刷発行

著　者　　平井　啓
　　　　　本岡 寛子
発行者　　櫻井 堂雄
発行所　　株式会社ちとせプレス
　　　　　〒 157-0062
　　　　　東京都世田谷区南烏山 5-20-9-203
　　　　　電話　03-4285-0214
　　　　　http://chitosepress.com
装　幀　　山影 麻奈
印刷・製本　大日本法令印刷株式会社

関連書籍

心理療法がひらく未来
エビデンスにもとづく幸福改革

レイヤード, L.・クラーク, D. M. 著
丹野義彦監訳

心理療法アクセス改善政策(IAPT)でタッグを組んだ経済
学者と臨床心理学者が, イギリス全土で巻き起こった幸
福改革の全貌を明らかにする。

がんサバイバー
ある若手医師のがん闘病記

フィッツヒュー・モラン 著
改田明子訳／小森康永解説

がんサバイバーシップ概念提唱者の闘病記。長期入院・
療養生活中の治療や日々の出来事, 医療従事者や家族
・友人との交流, 医療システムの抱える問題を描く。

母のがん

ブライアン・フィース 著
高木萌訳／小森康永解説

深刻な病により患者本人や家族の日常生活が一変し, そ
れぞれの思いが交錯する様子を, 独特の表現とイラストで,
正直に真正面から, 時にユーモラスに描く「希望の物語」。